新高考高中生职业规划指南

高中生
生涯规划与管理

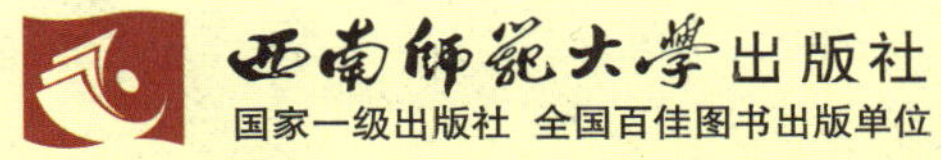

图书在版编目(CIP)数据

高中生生涯规划与管理 / 郭成主编. -- 重庆 :西南师范大学出版社，2019.6

ISBN 978-7-5621-9802-4

Ⅰ. ①高… Ⅱ. ①郭… Ⅲ. ①高中生—职业选择 Ⅳ. ①G635.5

中国版本图书馆CIP数据核字(2019)第091488号

高中生生涯规划与管理

GAOZHONGSHENG SHENGYA GUIHUA YU GUANLI

郭 成 主编

责任编辑：刘 玉

责任校对：赵 洁

出版发行：西南师范大学出版社

印 刷：重庆五洲海斯特印务有限公司

幅面尺寸：185 mm×260 mm

印 张：12.5

字 数：300千字

版 次：2019年6月 第1版

印 次：2019年6月 第1次印刷

书 号：978-7-5621-9802-4

定 价：39.80元

成长GPS

本书编委会

为实现美好人生而努力

同学们，准备好了吗？高中新生活的大门已经为你打开，全新的成长之旅即将开启。同时，你也将面临全新的挑战——新高考。

2014 年 9 月，国家出台了《国务院关于深化考试招生制度改革的实施意见》，拉开了新一轮高考改革的序幕。一系列新高考举措让很多同学无所适从：怎么选科，怎么选专业，所选学科是不是真的适合自己，如何适应走班制学习，综合素质怎样发展、怎样评价……事实上，上面所有问题都可以在本书中找到答案。

一、将选择权交给学生

新高考改革将学业水平考试科目的选择权交给学生，为学生提供了更大的选择空间。同时，也要求学生从高一甚至更早就开始积极思考和探索自己的职业发展方向，将个人兴趣、特长、能力与未来的职业结合起来，选择 3 门自己最喜欢、最适合，并有助于今后职业生涯发展的科目。

二、助力高校选拔人才

新高考还将学生的综合素质评价作为高校选拔优质生源的重要参考依据。综合素质发展是一个长期的、循序渐进的过程，需要学生对自己综合素质的提升进行科学规划。只有脚踏实地地参与综合素质训练和体验活动，才能不断提升自己的综合素质水平，并为综合素质评价提供丰富而翔实的素材。

三、生涯规划应对新高考

从现实角度讲，生涯规划是帮助学生决胜新高考的利器。它能帮助学生找到适合自己的学科、专业、高校和职业。让学生有目标、有计划、有条不紊地提高自己的学习能力与综合素质，为高考做足准备。

四、找准人生定位

从个人成长角度讲，生涯规划是帮助学生找准人生定位的灯塔。生涯规划能够为学生的生涯发展找准方向、找对方法，减少学生在人生路上徘徊、犹豫的时间，让学生集中精力做对实现目标有益的事，避免受到其他事情的干扰。

同学们，让我们站在人生的新起点上，向着未来发出宣言：从今天起，把生命之舵掌握在自己手中。这是你的青春，你的未来，理应由你做主！

目录

第一单元　奏响青春乐章 ······ 1

第一节　开启高中之旅 ······ 2
第二节　新高考与生涯规划 ······ 6
第三节　生涯发展的特点和任务 ······ 13
第四节　生涯探索活动 ······ 18

第二单元　发现真实自我 ······ 20

第一节　健康是成功与幸福的基石 ······ 21
第二节　个性和职业的关系 ······ 27
第三节　探寻我的兴趣 ······ 36
第四节　解密自己的潜能 ······ 43
第五节　不同的价值观，演绎不同的人生 ······ 50
第六节　生涯探索活动 ······ 56

第三单元　探知生涯环境 ······ 58

第一节　时代新趋势探知 ······ 59
第二节　职业探知 ······ 65
第三节　专业探知 ······ 72
第四节　大学探知 ······ 80
第五节　生涯探索活动 ······ 88

第四单元　探索生涯决策 …… 91

第一节 生涯决策概述 …… 92
第二节 决策选考学科 …… 99
第三节 冲刺名校的新途径——自主招生 …… 107
第四节 生涯探索活动 …… 114

第五单元　强化生涯管理 …… 117

第一节 目标管理 …… 118
第二节 学习管理 …… 124
第三节 时间管理 …… 133
第四节 情绪管理 …… 140
第五节 资源管理 …… 146
第六节 生涯探索活动 …… 153

第六单元　综合素质评价与规划 …… 155

第一节 解读综合素质评价政策 …… 156
第二节 探析“三位一体”综合评价招生 …… 163
第三节 初探综合素质评价与规划 …… 169
第四节 探索综合素质培养策略与综合素质面试技巧 …… 176
第五节 生涯探索活动 …… 183

附录：生涯资源包 …… 187
好书推荐 …… 187
好片推荐 …… 190
网站推荐 …… 194

第一单元

奏响青春乐章

高中生活就像万花筒，怎样旋转都能呈现出一幅幅精美的画卷；高中生活就像七个基本的音符，虽然简单，却能谱出一支支美妙动听的曲子；高中生活就像一支神奇的画笔，总能绘出一幅幅绚丽多彩的图画。高中阶段是人生中最美好的时光。

第一节 开启高中之旅

进入高中，同学们在对新生活充满憧憬的同时，也许还会有些忐忑不安吧。高中生活是什么样的？我们会遇到什么样的老师和同学？高中的课程难不难，我们能不能学好？高中，是人生旅途的一个重要站点，值得我们满怀期待地去拥抱它，更要求我们以最佳状态去迎接它。

本节将和同学们聊一聊高中生活的一些新变化、新特点，并为同学们更好、更快地适应高中生活提供一些实用的建议。

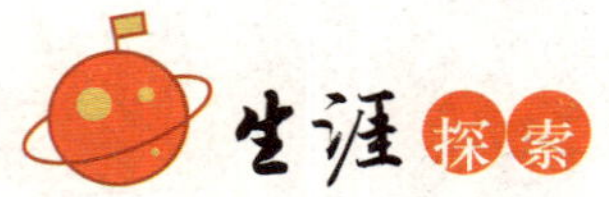

一、高中生活新变化

（一）生理上，进入成长“黄金期”

高中阶段被称为人生中精力最为充沛的“黄金期”。在这个阶段，学生身体的各个器官及其机能正逐步达到成熟水平，心血管机能、呼吸系统发育完全。生理上，男生、女生的性别特征更加显著。体态、样貌的变化也让部分学生开始格外关注自己的身材和长相，甚至为此产生诸如因为身材矮小而焦虑、为了减肥而节食挨饿等烦恼。

此外，学生的脑部结构不断完善，记忆力、理解力等方面日渐接近最高水平。

（二）心理上，自我意识愈发强烈

自我意识是对自己身心活动的觉察，具体包括认识自己的生理状况、心理特征以及自己与他人的关系等。进入高中阶段，学生越来越关注自己的性格、能力、人际关系等，开始将大部分注意力由关注外部世界转向关注自己的内心世界，不断追问自己的内心，如：我是一个怎样的人？我应该成为一个怎样的人？我在老师、同学心目中有着怎样的印象？

自我意识的觉醒也容易引起学生的失落感、孤独感等负面情绪。失落感主要体现在原有的学习优势不复存在，心理落差大。有的学生在初中一直是尖子生，进入高中后身边出现了许多旗鼓相当甚至更优秀的同学，自己原有的那些骄傲便荡然无存。孤独感主要来源于人际交往的障碍。进入高中，部分学生在面对新的老师、同学时比较拘谨，不会主动与人交往，不能很快融入群体，或者因为一点儿小事与同学闹矛盾，久而久之就产生了孤独感。

（三）学习上，学习任务加重，难以适应新型“走班制”

高中的知识点增多，学习任务和学习难度加重。根据 2018 年教育部印发的《普通高中课程方案和语文等学科课程标准（2017 年版）》，普通高中课程由必修、选择性必修、选修三类课程构成。必修课程由国家根据学生全面发展需要设置，所有学生必须全部修习；选择性必修课程，由国家根据学生个性发展和升学考试需要设置；选修课程，由学校根据实际情况统筹规划开设，学生自主选择修习。高中课程设置与学分要求如表 1.1 所示：

表 1.1　学科学分要求　（单位：分）

科目	必修学分	选择性必修学分	选修学分
语文	8	0 ～ 6	0 ～ 6
数学	8	0 ～ 6	0 ～ 6
外语	6	0 ～ 8	0 ～ 6
思想政治	6	0 ～ 6	0 ～ 4
历史	4	0 ～ 6	0 ～ 4
地理	4	0 ～ 6	0 ～ 4
物理	6	0 ～ 6	0 ～ 4
化学	4	0 ～ 6	0 ～ 4
生物	4	0 ～ 6	0 ～ 4
技术（含信息技术和通用技术）	6	0 ～ 18	0 ～ 4
艺术（或音乐、美术）	6	0 ～ 18	0 ～ 4
体育与健康	12	0 ～ 18	0 ～ 4
综合实践活动	14	—	—
校本课程	—	—	≥ 8
合计	88	≥ 42	≥ 14

按照新高考改革方案，高中正在陆续探索选课“走班制”教学模式。“走班制”是指学科教室和教师固定，学生根据自己的能力水平和兴趣愿望选择适合自身发展层次的班级上课，不同层次的班级其教学内容和程度要求不同，作业和考试的难度也不同的教学方法。学生要根据自己的学习能力和兴趣，参考老师和家长的意见，自主选择学习科目和层次，然后按照课程表，在规定的时间到指定的教室参加相应的课程学习。对于之前没有体验过走班的学生来说，可能会不适应这种流动性强的学习方式，会产生一定的学习压力，这更要求学生要培养自主学习、自我管理的能力与习惯。

（四）生活上，要求学生从依赖向独立转变

进入高中后，校园、班级、老师、同学等都不再是自己之前所熟悉的，周围环境发生了很大的变化，生活也变得更加丰富多彩，我们要在一个半社会化的人际关系中建立自我。高中环境也要求我们必须学会独立自主，有更强烈的责任感。

很多学生在高中会选择住校。对于从小被父母照顾惯了的部分学生来说，叠被子、打扫宿舍、洗衣服等日常生活技能是他们进入高中后面临的第一个难题。高中全新的生活方式让很多学生不知所措，甚至会影响到他们正常的学习和生活。

事实上，从初中到高中的角色转变过程其实就是从依赖到独立的转变过程，我们必须独自面对，并想办法解决学习、生活中遇到的各种难题，培养良好的生活自理能力和自我管理能力。

二、积极适应高中生活

作为高中生，我们不仅身处快速发展变化的社会环境和竞争环境之中，而且还将面对人生的一次重大“战役”——高考。同学们必须及早了解高中学习和生活的特点，以便尽快适应新环境，投入正常、高效的学习生活。

（一）正确认识自我

进入高中后，优秀的同学比比皆是，我们要正确对待自己与同学的差距，保持“空杯心态”，以谦虚、谨慎的态度努力学习，力争上游。同时，我们还要全面分析自己，了解自己的兴趣、能力、性格等，明确自己的优势，找到自己的不足，学会认识自己、肯定自己，以平和、进取的心态迎接新的高中生活。

（二）制订明确的生涯目标

进入高中后，我们应根据自己的实际情况，制订合理的生涯目标，特别是学业目标、专业目标等，在选考科目、目标院校、报考专业等方面做出明确且合理的选择，以目标为导向，增强自身学习的内在动力，提高适应新环境的主动性和适应能力。

（三）保持积极健康的心态

高中阶段，我们的情绪波动较大。这就要求我们主动掌握一些有效的情绪调控方法，调节自己的情绪和状态，积极应对新环境中出现的挫折与困难。

（四）增强独立自主意识和提高自我管理能力

高中阶段，我们要通过参加社会实践来提高自己的适应能力，为将来走向社会并实现自己的发展目标做好准备。因此，我们必须具备良好的独立自主意识和自我管理能力。在日常的学习和生活中，我们需要有意识地掌握一些必要的生活技能和工作技能，逐步将生活方式从依赖他人转变为独立自主。在学习上，我们要改变被动的学习方式，转为主动、积极地学习，提高学习中的自主性和创造性。

（五）积极参加社团和社会实践活动

高中开展的各种活动，如社团活动、社会实践等，我们都要积极参加。这些活动既能开阔我们的眼界，又能发掘我们的潜能，还能为我们紧张的学习生活增添色彩。此外，积极参加各种活动，可以促进同学之间的交流与互动，减少新环境带来的孤独感，帮助我们更快融入新集体，开始新生活。

高中环境适应性诊断报告

进入高中以来，面对新的学习环境、生活环境，你在哪些方面有不适感？主要原因是什么？请简要写一写。

1. 身体健康与生长发育：____________________

原因：____________________

2. 学校环境：____________________

原因：____________________

3. 心理状态：____________________

原因：____________________

4. 学习内容与方法：____________________

原因：____________________

5. 与同学交往：____________________

原因：____________________

6. 与室友交往：____________________

原因：____________________

7. 与老师交往：____________________

原因：____________________

8. 饮食与住宿：____________________

原因：____________________

1. 通过本节的学习，结合自己的体验，你认为高中生活有什么特点？
2. 高中生活已经开始，你做好了哪些方面的准备？
3. 你对高中生活有怎样的畅想和期待？

第二节 新高考与生涯规划

导语

对于高中生而言，面对最大的挑战是高考。从 2014 年新高考改革政策推行至今，关于新高考的话题热度始终不减。而随着各地高考改革政策的相继出台，新高考改革正以不可逆转之势向我们走来，成为高中生面临的最大挑战。

新高考改革究竟是什么？它“新”在哪里？为什么说生涯规划是应对新高考改革的有效途径之一？生涯规划的内涵和意义是什么？这些内容是本节的学习重点。

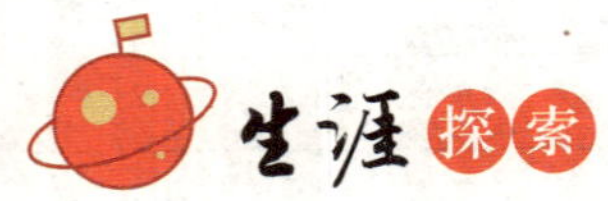

一、新高考改革概述

（一）新高考政策解读

2014 年 9 月，国家出台了《国务院关于深化考试招生制度改革的实施意见》，拉开了新一轮高考改革的序幕。从 2014 年上海市和浙江省率先出台高考综合改革试点方案，到 2017 年两地超过 34 万考生迎来首次新高考，新高考正在向我们走来。中国共产党第十九次全国代表大会明确提出“到 2020 年，我国将全面建立起新的高考制度”。

与传统高考相比，新高考改革有以下两个特点。

特点一：打破文理科壁垒，采用“3+3”自主搭配

高考总成绩由统一高考的语文、数学、外语 3 门科目成绩和高中学业水平考试 3 门科目成绩组成，即“3+3”模式。计入高考总成绩的高中学业水平考试科目，由考生根据报考高校要求和自身特长，在物理、化学、生物、思想政治、历史、地理 6 门科目（浙江省是 7 门科目）中自主选择 3 门科目。

“3+3”打破了文理科的壁垒，从文综、理综“套餐”向 3 门科目自主搭配“自助餐”转变。从目前各省（市）实施情况来看，第一批新高考省（市）上海、浙江，以及第二批新高考省（市）北京、天津、海南、山东，均采用“3+3”模式，而选考科目的计分方式，除了海南省以标准分计入总成绩，其余省（市）均采用等级分计入总成绩。2018 年第三批新高考省（市）广东、江苏、河北、湖北、福建、湖南、辽宁、重庆则采用“3+1+2”模式（详情参看第四单元第二节）。

特点二：改变了“一考定江山”的单一考核模式

根据新高考改革政策，高考将采取“两依据，一参考”的多元招生录取模式，即依据考生的统一高考成绩和高中学业水平等级考试成绩，参考综合素质评价。换句话说，高考成绩不再是决定录取考生的唯一依据。综合素质评价将作为高校录取新生的重要参考。

综合素质评价主要反映学生德智体美劳全面发展情况，要求高中学校建立规范的学生综合素质档案，客观记录学生成长过程中的突出表现，注重社会责任感、创新精神和实践能力，包括学生思想品德、学业水平、身心健康、艺术素养、社会实践等内容。

当前上海市和浙江省的录取方式为高考成绩占60%，综合素质评价占30%，高中学业水平考试占10%。第二批新高考改革省（市）中，山东省要求考生综合成绩由试点高校依据高考成绩、高中学业水平考试成绩和高校考核成绩，按一定比例计算形成，其中，高考成绩所占比例下降至50%。不难看出，高中学业水平考试和综合素质评价在高考总成绩中占据了较高的比例，是考察学生能力的重要指标。

（二）新高考改革时间节点

新高考改革是我国考试招生制度的一次重要变革，是所有即将进入高中或已经进入高中的学生必然要面对的一场挑战。那么，有同学会问：“我什么时候参加新高考呢？”

新高考改革采用的是各地根据自身情况逐步参与实施的方式，所以不同地区的学生参加新高考的时间会有所不同。

二、合理规划生涯，有效应对新高考

根据新高考改革精神，学生将从6门选考科目中选择3门科目进行学业水平考试，学生的选择也从传统高考文理分科的两种选择变为20种选择。这就意味着，新高考改革将更多的选择权交给了学生，体现了新高考对学生个性的尊重。这就要求学生必须懂得科学决策，要兼顾自己的学习兴趣、擅长科目、职业兴趣、大学专业对选考科目的要求等，选择3门自己最喜欢、最擅长，并有助于今后职业生涯发展的科目。

另一方面，根据新高考改革精神，综合素质评价不再是一个结果评价，而是一个过程评价。它重在对学生的成长过程进行记录，要求真实、准确地记录学生的具体活动内容、行为表现和典型事例，如学生参与社团活动、志愿服务等，并将参与的次数、时长作为记录内容，避免评价时出现“假、大、空”等问题。因此，综合素质评价既不能临时抱佛脚，也不能作假。这就需要学生从进入高中开始就对提升自己的综合素质进行科学规划，在校期间、课外、周末、寒暑假等时间合理安排具体活动，不断提升综合素质水平，并为综合素质评价提供真实可靠、丰富多样的素材。

此外，综合素质评价遵循“谁使用谁评价”的原则，各高校将根据本校的招生要求制订综合素质评价的具体办法。例如，有的大学看重学生的创新能力，那么这所大学在评估学生的综合素质档案时就会着重关注学生在创新能力方面的经历和表现。因此，学生应根据自己目标学校的具体要求，有所侧重地制订综合素质提升规划，着重培养相关能力。

由此可见，生涯规划始终贯穿着新高考的两条主线，是有效应对新高考改革的途径和方法。而且，新高考改革的一个重要理念就是，为学生规划、选择未来留下充足时间，让学生能够从自己感兴趣的学科、领域出发，通过正确的自我认识和科学的生涯规划，找到自己真正喜欢并愿意为之长期奋斗的目标。

三、生涯规划概述

（一）生涯概述

生涯是指从事某种活动或职业的生活。从某种意义上说，也指一个人的生命历程。著名的职业生涯规划大师、美国心理学家唐纳德·E. 舒伯认为，生涯是一个人生活里各种事件的演进方向与历程，包括一个人在一生中所从事的各种职业和扮演的生活角色，并由此表现出个人独特的自我发展形态。

舒伯还将人一生的生涯历程比喻成一道绚丽的彩虹，不同的颜色象征着人在一生中扮演的不同角色。舒伯认为人在一生中要扮演的角色有：子女、学生、休闲者、公民、工作者和持家

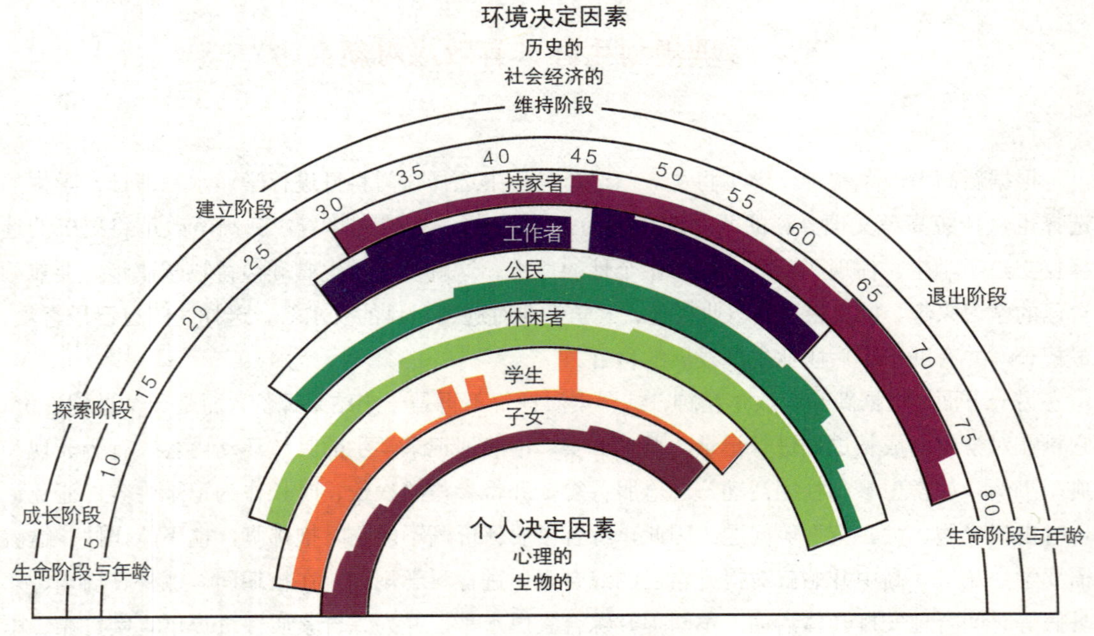

图 1.1　舒伯生涯彩虹图

者。人的一生要经历不同的发展阶段，扮演不同的生涯角色。要扮演好人生不同阶段的角色，就必须对自己的人生进行合理规划。

（二）生涯规划概述

生涯规划，是指在了解自我、了解外部环境的基础上，对自己的人生方向做出选择与决策，为自己未来的生活进行有目的、有计划、有系统的准备与安排。

职业生涯规划起源于美国，经过一百多年的发展，在美国、德国、加拿大等一些发达国家已经形成了比较成熟的职业生涯规划体系，生涯指导贯穿小学、中学、大学、从业的始终，对学生的发展具有重要的指导意义。

我国的生涯规划教育起步较晚。调查数据显示，我国只有33%的高中生接受过毕业与就业指导。新高考改革既为生涯规划教育的发展带来了契机，也对生涯规划教育的快速推进提出了挑战。

（三）生涯规划的意义

1. 帮助学生明确目标方向，激发成长动力

没有目标的人生是杂乱无章的，这样的人生注定碌碌无为。即使能有一两次走运，终究不会长久，真正能够将我们引向成功的是科学、合理的生涯规划。

在现实生活中我们会发现，一些学生常常需要家长、教师在旁边反复催促才会完成作业；一些学生对学习只有三分钟热情，偶尔学习热情高涨，大多数时候懒散懈怠。很多学生在学习、生活上表现出对教师、家长的依赖，主动性不够。究其原因，主要是这些学生普遍缺乏目标意识，不知道自己为什么要学习，也不清楚自己以后要成为什么样的人，对生活抱着得过且过的态度，对学习也提不起兴趣。学生没有目标就没有动力，自然难以保持学习的积极性，学习、生活质量也会大打折扣，并因此影响其一生的发展。

从心理学的角度来说，人的所有行为都是由目标导向的，有目标才有动力。制订明确的目标是取得成功的第一步。清晰合理的目标能够帮助我们明确成长方向，改变无目标、无计划的状态，激发我们的成长动力，促进我们健康成长，迈向成功。

2. 全面剖析学生个性特征，实现因材施教

《国家中长期教育改革和发展规划纲要（2010—2020年）》（以下简称《纲要》）提出："关注学生不同特点和个性差异，发展每一个学生的优势潜能。"在这个流行"量身定制"的时代，尊重个性、凸显优势，才能真正实现"天生我材必有用"。

正如我国著名分子生物学家赵国屏所说："别让兔子学游泳，别让老鹰学跑步，要让孩子在擅长的领域发展，他才能体会到乐趣和成功感，更容易取得成绩。"每个学生都是独一无二的个体，只有充分了解和尊重学生的个性，才能为其提供符合成长需要的引导和训练，真正做到因材施教，达到提高教学质量的目的。

生涯规划既能帮助学生正确认识自我，也能帮助教师正确认识学生。

生涯规划可以帮助教师、家长全面评价学生的身心发展状况、学习习惯、爱好、特长等，充分发掘学生的天赋和优势，深入剖析学生的短板与劣势，为帮助学生制订个性化的目标规划方案提供科学依据，也为教师和家长因材施教，提高学校教育和家庭教育质量提供重要参考。

3. 培养学生的选择与决策能力，使其一生受益

生活中处处充满选择，大到选择什么职业，报考哪所大学，小到早饭吃什么，穿什么衣服，阅读什么样的书籍，选择什么样的人做朋友，都需要我们做出正确的选择。

人生就是由各种各样的选择组成的，我们都必须要慎重，因为我们的任何一个选择都有可能改变我们的人生轨迹和发展方向。只有做出正确的决策，才能确保我们的人生朝着预期的方向发展。因此，生涯规划看似离我们很远，实际上与我们的日常学习、生活息息相关。

从近处来说，学会选择与决策，能够让我们更加从容地应对日常学习与生活中大大小小的事务，变得独立、自主、自信、自强。从长远来说，学会选择与决策，对我们未来升学、职业选择，以及在工作岗位上成为一名有责任、有担当、勇于迎接挑战的优秀人才也是大有益处的。可见，选择与决策能力是让我们一生受益的能力。

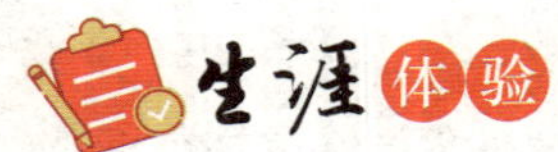

我的角色清单

一、角色清单

请根据实际情况写一份“我”的角色清单，用至少 10 个陈述句回答“我是谁”，并阐述这些角色各自的特点和应担负的责任。

我是谁？

角色 1：________________

特点与责任：________________

角色 2：________________

特点与责任：________________

角色 3：________________

特点与责任：________________

角色 4：________________

特点与责任：________________

角色 5：________________

特点与责任：________________

角色 6：________________

特点与责任：________________

角色 7：________________

特点与责任：________________

角色 8：________________

特点与责任：________________

角色 9：________________

特点与责任：________________

角色 10：________________

特点与责任：________________

二、角色困惑

请说出你在担任这些角色时遇到的困难和疑惑，分析当前每个角色的“理想角色”与“现实角色”存在的差距。

____

____

____

____

三、角色访谈

根据上述“角色清单”中的角色，从老师、家长等不同角度出发，说出他人对你的“角色期待”。对同一角色而言，不同“角色期待”之间会产生冲突吗？你打算如何应对和处理这种冲突？

“角色期待”访谈示范：

角色：作为孩子	角色：作为学生
爸爸期望我：	语文老师期望我：
妈妈期望我：	数学老师期望我：

四、总结

在梳理角色清单的过程中，你对现阶段自己所扮演的主要角色的“特点与责任”和“角色期待”清楚了吗？你学会合理化解角色冲突了吗？请写一份不少于600字的总结报告。

1. 通过学习，你对新高考改革有怎样的理解？
2. 在你扮演过的生涯角色中，你最喜欢的角色是什么？请说明原因。
3. 对你而言，生涯规划的意义是什么？

第三节　生涯发展的特点和任务

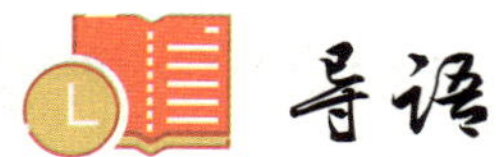

在高中阶段，同学们面临着升学与职业选择的双重任务，必须学会将个人兴趣、能力与未来专业、职业紧密结合，逐步明确未来的生涯发展目标，以此作为高中学习与发展的动力。同时，也要增强个人的责任感和使命感，将个人梦想融入国家和民族的伟大事业中，为实现“中国梦”贡献自己的青春力量。

本节将向同学们介绍生涯发展各个阶段的特点和任务，帮助同学们了解高中生涯发展的一些主要任务，掌握生涯发展的基本知识，包括生涯规划的类型与流程。同时，深入探讨“中国梦”与高中生涯规划的关系，从国家责任和历史使命的高度进一步解读高中生生涯规划的内涵和意义。

一、生涯发展阶段概述

（一）生涯发展阶段概述

美国生涯心理学家唐纳德·E. 舒伯依据年龄与职业发展相配合的关系，将生涯发展分为五个阶段：成长阶段、探索阶段、建立阶段、维持阶段和衰退阶段。每个阶段都有不同的特点和任务，如表 1.2 所示。

表 1.2　舒伯生涯发展阶段理论

生涯发展阶段	特　点	任　务
成长阶段（0～14岁）	儿童开始辨认周围的事物，并逐渐意识到自己的兴趣所在，以及学会与职业相关的一些基本技能	发展自我形象，形成对工作的正确态度，简单了解工作的意义
探索阶段（15～24岁）	青少年开始尝试一些自己感兴趣的职业活动，对自我能力及角色、职业进行探索	初步确定职业选择，并尝试将它作为长期职业

续表

生涯发展阶段	特 点	任 务
建立阶段（25～44岁）	个人开始尝试选择适合自己的职业领域，致力于工作上的稳定。大部分人处于最具创造力的时期	统整、稳固，并求上进，找到从事所期望的工作的机会，学习和他人建立关系，维持职业和生活的安定
维持阶段（45～64岁）	个人通过不断努力来实现职业生涯的发展与成就，并逐渐在自己的领域中占有一席之地	维持既有成就与地位，找出工作中遇到的新难题，发展新的技能
衰退阶段（65岁及以上）	由于生理和心理机能日益衰退，个人职业角色的分量逐渐减弱，开始考虑退休并享受自己的晚年生活	发展非职业性角色，做先前想做而未做的事

在生涯发展过程中，前一阶段的任务没完成会影响下一阶段的生涯发展。可以说，过去的生涯发展决定了现在的位置，而现在的努力又决定了将来的生涯发展。

（二）高中阶段处于生涯发展“探索阶段”

高中阶段正处于舒伯所说的“探索阶段”，是我们一生中的“黄金期”。在这一时期，学生的生理、心理发育日趋成熟，兴趣、爱好、能力等个性化特征日渐凸显。同时，学生面临着升学与职业选择的双重任务。一方面，要端正学习态度，提高学习能力，为今后的发展奠定良好的基础；另一方面，要根据新高考改革的要求，学会将个人兴趣、能力、性格等与专业、职业选择紧密联系起来，为未来的生涯发展做出合理规划，在探索与实践中逐渐构建自己长远的、清晰的生涯目标和发展路径。以下是高中生生涯发展任务表，仅供同学们参考。

表 1.3　高中生生涯发展任务表

高一	上学期	1. 梳理学习方法，完成从初中到高中的顺利过渡 2. 踏踏实实学习，打牢学习基础，增强学习自信 3. 参加社团、社会实践、职业体验等活动，逐步了解自己的兴趣及能力 4. 建立生涯档案，收集并保存个人学业成绩、竞赛成果、社团表现、志愿服务记录等
	下学期	1. 体验不同学科，发现自己的能力和喜好 2. 善用生涯咨询，了解专业、职业等相关信息，做好“预选科”

续表

高二	上学期	1. 完成选科，走班学习 2. 尝试综合素质评价、自主招生等相关活动，进行背景提升
	下学期	1. 完成大部分学考科目的首次考试 2. 查阅高等院校招生简章，了解自己拟就读学科专业所需的条件 3. 获取各种证明自己能力的荣誉证书，如参加艺术、体育、外语、计算机、奥数等资格证书考试
高三	上学期	1. 暑假期间尽早制订学科复习计划，按时完成复习任务 2. 完成选考及外语的第一次考试 3. 准备综合素质评价、自主招生等申请
	下学期	1. 复习高一至高三的课程，强化考试模拟，准备夏季高考 2. 提交综合素质评价、自主招生报名等材料 3. 根据高考成绩，开展自我综合评估，填写高考志愿书 4. 规划就业、参军、复读或其他生涯路径

二、“中国梦”与高中生生涯规划

“中国梦”是中华民族近代以来最伟大的梦想，也是每一个中国人对未来的共同期待。青年兴则国家兴，青年强则国家强。青年一代有理想、有本领、有担当，国家就有前途，民族就有希望。青少年是“中国梦”的继承者和主力军，“中国梦”的实现离不开青少年梦想的支撑。同时，“中国梦”也为青少年个人梦想的实现提供了更高、更大的舞台，只有国家强大，民族兴盛，青少年的人生价值才能实现。

高中生是青少年的典型代表，是“中国梦”的继承者。高中生生涯规划将帮助高中生积极思考和探索自己的未来发展道路，让高中生做自己喜欢的事，走自己喜欢的路。在帮助高中生“圆梦”的同时，高中生生涯规划更是鼓励高中生把自己的理想同祖国的前途、把自己的人生同民族的命运紧密联系在一起，将个人梦想融入国家和民族的事业，在实现个人价值、成就人生事业的同时，成为“中国梦”的实践者和推动者，为实现“中国梦”贡献自己的青春力量。

三、生涯规划的分类与流程

（一）生涯规划的基本类型

按照时间维度，生涯规划可以分为短期规划、中期规划、长期规划和人生规划四种类型。

1. 短期规划

2 年以内的规划，主要是确定近期目标，规划近期应完成的任务。

2. 中期规划

一般涉及 2 ～ 5 年的目标和任务，是最常用的一种生涯规划。

3. 长期规划

5 ～ 10 年的规划，主要是设定较长远的目标以及为实现此目标应采取的具体措施。

4. 人生规划

人生规划是对整个人生的发展目标和任务的设定，是对整个生涯的规划，时间可长达40年。

在实际操作中，由于环境和个人条件随时都在发生变化，时间跨度太长的规划难以把握，而时间跨度太短的规划意义又不大，所以，人们一般把生涯规划的重点放在 2 ～ 5 年的中期规划中。这样既便于根据实际情况设定可行目标，又便于随时根据现实的反馈进行修正和调整。

（二）生涯规划的基本流程

生涯规划是一个周而复始的连续过程，其过程包括自我评价、环境评价、确定目标、制订行动计划、评估与反馈五个基本步骤。

1. 自我评价（知己）

自我评价的主要内容是评估与个人相关的所有因素，如兴趣、个性、能力、学识、情商、道德以及组织管理、协调、活动能力等。

2. 环境评价（知彼）

环境评价主要是评估各种环境对自己生涯发展的影响，包括对社会环境、家庭环境、社会关系等的分析，评估环境的特点、发展趋势、需求趋势、对自己的有利条件与不利条件等。只有对这些环境因素有了充分的了解，才能趋利避害，为实现生涯目标扫清障碍。

3. 确定目标（决策）

生涯目标的设定是生涯规划的核心。一个人事业的成败，很大程度上取决于有无正确适当的目标。生涯目标包括长期目标、中期目标和短期目标。我们可以通过分解目标，降低目标难度，提高计划执行力。

4. 制订行动计划（行动）

付诸行动是实现生涯目标的关键环节。因此，必须制订合理的行动计划与具体措施。例如，为达成学习目标，采取提高你的知识水平的措施。

5. 评估与反馈（评估）

要使生涯规划行之有效，就必须对生涯规划不断地进行评估和获取反馈，有效规避影响生涯规划的各种不利因素，调整规划中不合理的地方。

我的生命树

在初中升高中这个关键时期，我们应该对自己的成长历程进行一番梳理和总结，这有利于我们理性、全面地分析自己的优点与不足，确定未来学习和发展的方向，让我们未来的人生更加精彩！

1. 人的生命就像一棵树，画出你的生命树，然后在树的各个部分写下你的想法。

• 树根——你在哪里长大？你的小学是在哪里读的？初中是在哪里读的？经过初中三年的学习你有哪些收获，其中最大的收获是什么？你的人生中有什么重大事件？

• 地面——目前你的生活中正在发生着什么？你的生活如何？你的兴趣是什么？

• 树杆——你有什么能力？它们是如何形成的？这些能力对今天的你有什么影响？

• 树枝——你对未来有什么期待？为什么？你的短期目标是什么？你打算如何实现？你的中、长期目标分别是什么？你有什么规划？

• 果实——你曾经从别人那里收到过什么重要的礼物（比如：经验、知识、支持或帮助，别人看到的你的优点等）？为什么这些礼物对你来说很重要？

• 树叶——你生命中有哪些重要的人物？为什么他们对你来说很重要？

2. 分享：先在小组内分享，然后再全班分享。在分享的过程中进一步完善你的生命树。

____

____

____

____

1. 你了解自己目前处于生涯发展的哪个阶段吗？这一阶段又有怎样的特点和任务？

2. 根据生涯规划流程，你认为在为自己制订生涯规划时，第一步该做什么？

3. 你为自己制订过清晰、明确的中、长期规划吗？如果有，请把规划写出来；如果没有，可以尝试为自己制订一个中、长期规划。

第四节 生涯探索活动

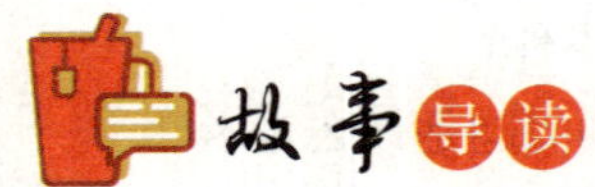

你以后的职业生涯是什么

1976年冬天，19岁的李恕权在美国休斯敦太空总署的太空梭实验室里工作，同时还在总署旁边的休斯敦大学主修计算机专业。尽管学习、工作和睡眠几乎占据了他全天的时间，但只要有多余的一分钟，他就会把精力放在音乐创作上。

李恕权深知写歌词不是自己所擅长的，所以通过一番努力，他找到了一个好搭档瓦莱丽。

一个星期六的周末，瓦莱丽热情地邀请他到位于德克萨斯州乡下的她家的牧场去烤肉。瓦莱丽知道他对音乐无比执着。然而，面对那遥远的音乐界及陌生的美国唱片市场，他们一点儿头绪都没有，不知道下一步该如何走。

突然间，瓦莱丽冒出了一句话："想象一下你五年后在做什么！"李恕权沉思了几分钟，开始告诉她："第一，五年后，我希望能出一张唱片，而这张唱片很受欢迎，可以得到许多人的肯定；第二，我住在一个有很多音乐的地方，能天天与一些世界一流的音乐家一起工作。"

瓦莱丽说："好，既然这样，我们就把这个目标倒算回来。

"如果第五年，你有一张唱片在市场上，那么你在第四年一定要跟一家唱片公司签上合约。你在第三年一定要有一个完整的作品，可以拿给很多很多的唱片公司听，对不对？

"你在第二年一定要有很棒的作品并已经开始录音了。

"你在第一年就一定要把你所有要准备录音的作品全部编曲、排练准备好。

"你在第六个月就要把那些没有完成的作品修饰好，以便自己逐一筛选。

"你在第一个月就要把目前这几首曲子完工。

"你在第一个礼拜就要先列出一个清单，排出哪些曲子需要修改，哪些需要完工。

“好了，我们现在不就已经知道你下个星期一要做什么了吗？”

“喔，对了。你还说你五年后，要生活在一个有很多音乐的地方，能与许多一流的音乐家一起工作，对吗？”她急忙补充说，“如果，你在第五年已经在与这些人一起工作了，那么按道理，你在第四年就应该有一个自己的工作室或录音室；你在第三年，可能是先跟这个圈子里的人在一起工作；你在第二年，就应该不是住在德克萨斯州，而是已经住在纽约或是洛杉矶了。”

次年（1977 年），李恕权辞掉了令许多人羡慕的太空总署的工作，离开了休斯敦，搬到了洛杉矶。

不敢说是恰好五年，但可以说是大约六年后，即 1983 年，李恕权的唱片在亚洲开始畅销起来，他每天都忙着与一些顶尖的音乐家一起工作。

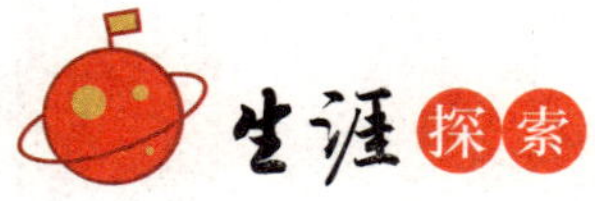

读完这篇文章，请你安静几秒，然后开始畅想你的未来。

3 年后的你会在哪里读书呢？________

你读的是什么专业？________

学习的内容有哪些呢？________

10 年后的你过着什么样的生活？________

你会在哪里居住？住着什么样的房子？________

和你在一起的还有什么人？________

你从事的是什么样的工作？________

你对自己的薪水满意吗？________

闲暇的时间你将如何度过呢？________

……

尽情放飞你的思绪，可以把 10 年后你日常的一天写出来，包括每一个细节、每一个时间点、每一个可能与你有关的人，然后试着给 10 年后的你写一封信，说一说你对 10 年后所有的期待，也说一说你愿意为了 10 年后的美好生活而付出的努力：

____

____

____

____

____

第二单元

发现真实自我

我们要想获得成功，就要追求真实。所有的成功者，都是从看透欺骗和蒙蔽起步的。我们每个人都具备一种看穿现实的本领，这种本领首先需要的就是面对真实的自我！

第一节 健康是成功与幸福的基石

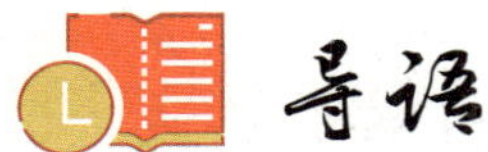

古希腊哲学家赫拉克利特说："人如果没有健康，智慧就难以表现，文化无从施展，力量不能战斗，财富会变成废物，知识无法利用。"由此可见，健康是一切成功与幸福的基石。另外，现代社会中的部分专业和职业对同学们的身体素质也有硬性要求。保持身体健康，对我们选专业、选职业具有现实意义。

本节引导同学们认识健康的内涵，了解健康检测的一些主要指标，并探讨身体素质与专业选择之间的关系，进一步强调健康的重要意义，鼓励青少年关注自己的健康状况，培养良好的生活习惯，保持健康的体魄。

一、健康概述

（一）健康新概念

1986 年，世界卫生组织从健康促进的角度重新定义了健康："健康是每天生活的资源，并非生活的目的。健康是社会和个体的资源，是个人能力的体现。"

20 世纪 90 年代，世界卫生组织将健康解释为："一个人只有在身体健康、心理健康、社会适应性良好和道德等方面都健全，才算是完全健康的人"。

2013 年 6 月，教育部推出"绿色评价指标体系"，重视学生品德、身心、兴趣爱好等方面的发展。其中，在"身心发展水平"指标下涵盖的内容最多，包括身体形态机能、健康生活方式、审美修养、人际沟通、情绪行为调控等。

（二）身心健康标准

世界卫生组织提出的身心健康标准如下：

食得快：进食时有很好的胃口，能快速吃完一餐饭而不挑剔食物。如果陷入持续性无食欲状态，则意味着肠胃或肝脏可能出了毛病。

便得快：一旦有便意，能很快排泄大小便，且感觉轻松自如，这说明肠胃功能良好。

睡得快：上床能很快熟睡，且睡得深，醒后头脑清醒，精神饱满，这说明睡眠质量好。如睡的时间过多，感觉乏力不爽，则是心理及生理的病态表现。

说得快：语言表达正确，说话流利，这表示头脑清晰，中气充足，心肺功能正常。

走得快：行动自如协调，迈步轻松有力，转体敏捷，动作流畅，这证明躯体和四肢状况良好，精力充沛。

良好的个性：性格温和，能够很好地适应不同环境，没有经常性的压抑感和冲动感。意志坚强，感情丰富，热爱生活和人生，具有坦荡胸怀与达观心境。

良好的处世能力：看问题客观、现实，具有自我控制能力，能适应复杂的社会环境，对事物的变迁能始终保持良好的情绪，能保持社会外环境与机体内环境的平衡。

良好的人际关系：言谈举止恰到好处，与人相处自然融洽，能助人为乐，与人为善。

二、了解自己的体质健康现状

体质是指由先天遗传和后天获得所形成的，人类个体在形态结构和功能活动方面所固有的、相对稳定的特性。健康的体质包括了强健的体魄、良好的心肺功能等方面。健康的体质是学生健康成长的基础，是学生快乐生活、高效学习的重要保障。

1. 国家学生体质健康标准

2014 年，国家修订并发布《国家学生体质健康标准》，该标准从身体形态、身体机能和身体素质等方面综合评定学生的体质健康水平，是促进学生体质健康发展、激励学生积极进行身体锻炼的教育手段，是国家学生发展核心素养体系和学业质量标准的重要组成部分，是学生体质健康的个体评价标准。下表是国家学生体质健康标准的单项指标与权重，仅供参考。

表 2.1　国家学生体质健康标准单项指标与权重

测试对象	单项指标	权重（%）
小学一年级至大学四年级	体重指数（BMI）	15
	肺活量	15
小学一、二年级	50 米跑	20
	坐位体前屈	30
	1 分钟跳绳	20
小学三、四年级	50 米跑	20
	坐位体前屈	20
	1 分钟跳绳	20
	1 分钟仰卧起坐	10
小学五、六年级	50 米跑	20
	坐位体前屈	10
	1 分钟跳绳	10
	1 分钟仰卧起坐	20
	50 米 ×8 往返跑	10
初中、高中、大学各年级	50 米跑	20
	坐位体前屈	10
	立定跳远	10
	引体向上（男）/1 分钟仰卧起坐（女）	10
	1000 米跑（男）/800 米跑（女）	20

注：体重指数（BMI）= 体重（千克）/ 身高 ^{2}（米 ^{2}）。

2. 体质健康测评案例

如果你想了解自己的体质健康状况，可以到专业机构参加体质健康测评。

以下是体质健康测评结果示例表，表中反映了某学生在身高标准体重、坐位体前屈、肺活量、台阶试验等方面的现状。

表 2.2　体质健康测评结果示例表

项目	实测值	得分	等级
身高标准体重	170/63.1	100	正常体重
坐位体前屈	-9	10	不及格
肺活量	2804	40	不及格
台阶试验	47	62	及格

三、体质健康是高中生生涯发展的基石

人们经常会用这个比喻来说明健康的重要性：一生中，我们可能会在“1”后面加上很多“0”，这些“0”可能代表事业、财富等。“0”是可以通过努力不断增加的，但是只要那个“1”不在了，它们都将不再有任何意义。那个“1”就是我们的健康。

身体是革命的本钱，身体健康是保障生活和生命质量的基础，是生涯规划顺利实施的基石。没有健康的身体，任何宏图大志都将难以施展，任何美好未来也都无法享受，规划得再详细、再美丽的生涯蓝图都将成为一纸空文。清华大学曾经提出著名的口号“为祖国健康工作五十年”，提倡所有青年学生每天坚持锻炼一小时，才能为祖国健康工作五十年，也才能幸福生活一辈子。

没有健康的身体，我们就会被大病、小病缠绕，不胜其烦；没有健康的身体，我们就会精神萎靡，郁郁寡欢，严重影响学习状态和学习效率。我们应该重视自己的身体健康，不要以“学习很忙”“没有时间”等为借口拒绝运动，要坚持养成规律作息、合理膳食、适度运动等健康的生活习惯，为自己远大的理想和美好的未来奠定坚实的基础。

四、体质健康影响你的专业、职业

不同职业对人的要求不同。部分职业对人的身体素质有着明确要求，我们在进行生涯规划时，既要弄清楚自己心仪的职业是否有身体素质的要求，同时也要学会利用身体素质的优势选择适合自己的职业。

例如，身高是现代就业选择的一项“硬性指标”，很多专业招生、企业招聘的条件中明确提出了对身高的要求，例如，军人、警察、空乘人员、播音主持、酒店从业人员等。从某种意义上来说，高个子比矮个子拥有更多机会。另外，高个子从外形、气质、精神面貌等方面比矮个子更占优势，也更容易受到他人的青睐。身高上有优势的学生，在选择专业和职业时，就可以优先考虑那些对身高有要求的职业。

身体柔韧性强的同学今后在学习舞蹈、体操等方面有比较明显的优势，那么这类同学在选择专业和职业时可以优先考虑舞蹈、体操等发展方向。

另外，我们在选择专业时会发现，部分专业对人的身体素质是有要求的。例如，军事、公安、飞行类院校在专业招生时对人的身体素质要求较高，考生除参加统一的体检外还要参加招生院校的体检。工科、理科专业对视力有一定的要求：矫正视力到4.8，镜片度数大于400度的同学，不适宜就读海洋科学、测控、生物医学工程等部分专业；矫正视力到4.8，镜片度数大于800度的同学，不适宜就读多数工科类专业。

保持健康的身体，对我们选专业、选职业来说有现实意义。我们在紧张的学习之余，应坚持体育锻炼，并注意保护视力。

请你根据个人的健康现状和生活习惯，结合所学的健康知识，为自己拟一份切实可行的《健康计划书》。

我的健康计划书

一、我的身体现状

（一）健康指标分析

1. 体重指数：________________

2. 身体柔韧性：________________

3. 肺活量：________________

4. 心血管机能：________________

5. 其他指标：________________

（二）生活习惯分析

1. 饮食方面：________________

2. 运动方面：________________

3. 睡眠方面：________________

4. 其他方面：________________

二、我的健康目标

（一）短期目标（2 年之内）

例如，保证每天有一个规律的作息时间，一日三餐按时吃，改掉不吃青菜的坏习惯。

1. ________________

2. ________________

3. ________________

4. ________________

（二）中期目标（2 ～ 5 年）

例如，各项健康指标均达到良好以上水平。

1. ______________________________

2. ______________________________

3. ______________________________

4. ______________________________

三、我的具体健康计划

（一）睡眠计划

例如，每晚 22：30 前上床睡觉，每天保证 8 小时睡眠。

1. ______________________________

2. ______________________________

3. ______________________________

4. ______________________________

（二）饮食计划

例如，坚持每天吃早餐。

1. ______________________________

2. ______________________________

3. ______________________________

4. ______________________________

（三）运动计划

例如，每天 17：00—18：00，运动 1 小时。

1. ______________________________

2. ______________________________

3. ______________________________

4. ______________________________

四、我的健康评估

（一）短期目标完成情况（包括目标是否完成，如未完成，原因在哪儿，如何改进）：

____

____

（二）中期目标完成情况（包括目标是否完成，如未完成，原因在哪儿，如何改进）：

____

____

____

1. 你通常采用什么方式来了解自己的健康现状？
2. 你认为健康对自己今后的发展有怎样的影响？
3. 你最希望改善自己哪方面的健康状况？具体计划是什么？

第二节 个性和职业的关系

导语

在现实生活中，我们会发现有的人冲动易怒，有的人则情绪稳定；有的人善于与人打交道，有的人则喜欢独处。这些表现都与人的气质、性格有关。每个人都有自己的气质和性格，这会影响个人的言谈举止，也对个人适合从事什么样的职业具有一定的影响。

本节将和同学们一起来发现自己真实的个性，通过对自身气质、性格的认识，继而思考适合自己的职业发展方向。

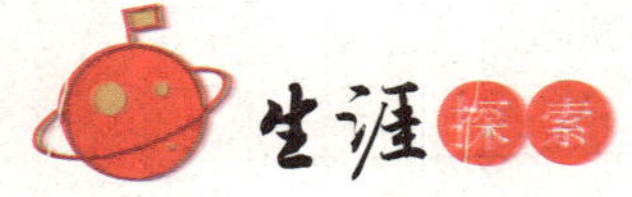

一、发现自己的气质

（一）什么是气质

在心理学上，气质是指一个人所特有的、主要是生物性决定的、相对稳定的心理活动的动力特征。气质没有好坏之分，它是与生俱来的，一旦形成，不易改变。例如，孩子刚出生时，最先表现出来的差异就是气质差异，有的孩子爱哭好动，有的孩子则平和安静。

（二）气质类型与职业策略

古希腊医生希波克拉底认为，人体有四种体液：血液、黏液、黄胆汁、黑胆汁。他根据这四种体液在人体中所占的比例，把气质分为多血质、黏液质、胆汁质和抑郁质四种。气质在我们的实践活动中不起决定作用，但有一定的影响，特别是对职业选择、学习策略等方面会产生重要影响。因此，我们在学习、工作中要善于发挥自己的气质优势。

表 2.3 气质类型的特点及适合的职业

气质类型	特点	适合的职业
多血质	活泼好动，善于交际，反应迅速，适应能力强，精神愉快，机智灵活，注意力易转移，情绪易改变；但办事重兴趣，富于幻想，不愿做耐心、细致和琐碎的工作	适合从事的工作，如外交人员、管理人员、驾驶员、纺织工人、服务人员、医生、律师、运动员、新闻记者、演员、军人、警察等
黏液质	平静，善于克制忍让，生活有规律，不为无关事情分心，埋头苦干，有耐久力，态度持重，不卑不亢，不爱空谈，严肃认真；但不够灵活，注意力不易转移，易墨守成规	适合从事的工作，如外科医生、法官、管理人员、播音员、财会管理、调节员等
胆汁质	脾气暴躁，性情直率，精力旺盛，能以很高的热情埋头事业。兴奋时，有决心克服一切困难；精力耗尽时，情绪一落千丈	适合从事的工作，如导游、销售、节目主持人、培训师、外事接待人员、演员等
抑郁质	沉静、深刻、人缘好，办事稳妥可靠，细心、谨慎、感受能力强；但比较敏感，易受挫折，孤僻寡欲，反应缓慢	适合从事的工作，如文字处理、排版、检验、化验、雕塑、刺绣、物流管理、机要秘书等

（三）气质类型与学习策略

多血质的学生，其典型特征是机智灵活，肯动脑筋，主意多，学得快，但也忘得快，而且注意力不持久，显得有些浮躁。这类学生要注重课后复习，增加复习的频率，巩固对知识的记忆，同时养成做事有计划、有目标的习惯，提高目标执行力，逐渐形成做事专一的品质，弥补注意力易分散、不求甚解的不足。

黏液质的学生，其在学习活动中的特点是，能够埋头苦干，有耐性，不急躁。但正是由于注意力太集中而不容易转移，易墨守成规，反应速度较慢。这类学生要加强思维能力训练，提高思维灵敏度，主动探索新知识、新问题，培养创新意识和创新思维，弥补学习方法单一、呆板的不足。

胆汁质的学生，其特征是精力旺盛，办事雷厉风行，认准一件事情就一定要干到底，但自控力差，易急躁。这类学生在学习时要有计划、有目标，深入细致地把一项任务做完、做好，完成作业或其他学习任务后，要养成检查与反思的习惯，弥补粗心大意的不足。

抑郁质的学生，其典型特征是观察力敏锐，善于思考，想象力丰富，但容易多愁善感，感情脆弱。这类学生要多参与课堂讨论和集体活动，多与老师、同学交流，发表个人观点，在交往与活动中树立自信心、消除胆怯和害羞的心理，逐渐形成乐观、积极、活泼、坚强等优良品质，弥补反应缓慢、个性拘谨的不足。

二、认识自己的性格

（一）什么是性格

性格是从一个人对现实的稳定态度，以及与这种态度相对应的固化的行为方式中所表现出来的人格特征。

性格对我们的学习、人际交往等方面影响较大。例如，性格乐观宽容的同学通常学习态度比较端正，也能够比较妥善地处理生活与人际交往中的问题；相反，性格敏感多疑的同学，则容易出现斤斤计较、患得患失、畏首畏尾等行为。

性格也会影响我们对职业的选择。例如，开朗活泼、善于人际沟通的人，往往会选择能表现自己、与人相处的职业；相反，性格内敛、不善言辞的人，则更倾向于选择独立操作类的职业。所以，我们在选择职业时要考虑个人的性格特点与职业特点的匹配情况。

（二）性格与职业的关系

1. MBTI 理论

美国心理学家迈尔斯·布里格斯在人格心理类型理论的基础之上，提出了 Myers Briggs

Type Indicator 类型指标，简称 MBTI。MBTI 理论认为一个人的性格可以从四个维度进行分析，如表 2.4 所示。

表 2.4 MBTI 四个维度表

维度	倾向一	倾向二
能量来源	E（外向） 易被外部世界吸引，善于结交朋友，善表达，易被了解，爱热闹，先想后做，追求宽度	I（内向） 关注内在，不善表达，不易被了解，爱独处，三思而后行，追求深度
信息收集	S（感觉） 着眼于现实，注重细节，喜欢观察与收集事实，喜欢实用的、具体的东西	N（直觉） 着眼于未来，注重整体，喜欢探寻规律与可能性，喜欢理性的、抽象的东西
决策方式	T（理性） 不情绪化，以解决问题为中心，理性，善分析，重逻辑	F（感性） 情绪化，以融洽的关系为中心，感性，重人情
生活方式	J（判断） 有组织，有条理，按部就班，深思熟虑	P（感知） 自由，灵活，不喜欢被限制，率性而为

四个维度如同四把标尺，每个人的性格都会落在标尺的某个点上。这个点靠近哪端，就意味着个体有哪方面的职业偏好。下表是各种性格类型、特点及与其匹配度较高的专业与职业。同学们可以到专业机构进行 MBTI 测试，了解自己的 MBTI 性格类型，并与表 2.5 对照，了解相关的职业。

表 2.5 性格与职业对照表

类型	特点	相关的职业
ISTJ 视察者	做事有主次、有条理，有始有终，受人信赖；能够科学地决定应做的事，并坚持完成；重视传统和忠诚	管理者、执法者、会计，或者其他能利用经验和对细节的关注完成任务的职业
ISFJ 保护者	沉静、友善，有责任感；忠诚，替人着想；重视细节，关心他人感受，努力创造一个有秩序、和谐的环境	教育工作者、健康护理师或者其他能够运用自己的经验亲力亲为帮助他人的职业
INTJ 策划者	有创意、有冲劲，能很快掌握事情发展的规律；信守承诺，做事有始有终；有较高水准的工作表现	科研人员、软件开发工程师、律师，或者其他能运用智力和技术去完成任务的职业

续表

类型	特点	相关的职业
INFJ 咨询师	具有探索精神和洞察力；能够尽责履行自己坚持的价值观念；能够有条理、果断地实践自己的理念	咨询服务、教师、艺术家，或者其他能帮助别人在情感、智力或精神上发展的职业
ISTP 工艺者	能冷静观察，善于解决问题，行动力强；善于分析，能够以理性原则处事	熟练工种、技术人员、农民、执法者、军人，或者其他能够动手操作、分析数据或事情的职业
ISFP 创作者	沉静、友善、敏感、仁慈；喜欢有自己的空间，做事能把握时间，忠于自己所重视的人	商人、健康护理师、执法者或其他注重友善、专注细节的职业
INFP 治疗师	理想主义者；善于了解、协助他人；适应力强；好奇心能促进对理念的实践	作家、咨询服务、艺术家，或者其他能够运用创造力或与价值观有关的职业
INTP 思考者	喜欢理论和抽象的事情，喜欢理性思维多于社交活动；适应力强；有怀疑精神，喜欢批评，善于分析	科研人员，或者其他能够基于专业技术和知识独立、客观分析问题的职业
ESTP 实干家	有弹性，能容忍；喜欢以行动解决问题；喜欢主动与人交往；能通过实践达到最佳学习效果	熟练工种、市场营销、执法者、应用技术员，或者其他能利用行动来关注细节的职业
ESFP 表演者	外向、友善、能包容；热爱生命；喜欢与别人共事；易接受新朋友和适应新环境；最佳学习方式是与他人在一起学习	健康护理师、教练、儿童保育员、熟练工种，或者其他能够利用外向的天性和热情去帮助他人的职业
ENFP 启发者	热情而热心，富于想象力；很需要他人的肯定，又乐于欣赏和支持他人；喜欢即兴而为，富有弹性	咨询服务、艺术家，或者其他能够利用创造和交流去帮助他人成长的职业
ENTP 发明家	思维敏捷，机灵，能激励他人，警觉性强，勇于发言，能随机应变，富有挑战性；善于洞察他人，能灵活处理新事物	科学家、技术工人、管理者、艺术家，或者其他能够有机会不断直面新挑战的职业
ESTJ 督导者	讲实际，重现实，做事高效；注意细节；会按照清晰的逻辑标准去做事，也希望他人照此标准去做；会以强硬态度去执行计划	管理者、行政管理、执法者，或者其他能够运用对事实的逻辑和组织完成任务的职业
ESFJ 提供者	有爱心，尽责，有合作精神，喜欢与他人共事；忠诚，注重细节；渴望他人赞赏自己和欣赏自己所做的贡献	教师、健康护理师，或者其他能够运用个人关怀为他人提供服务的职业

续表

类型	特点	相关的职业
ENFJ 教师	有同情心、责任感；高度关注他人的情绪需要和动机；善于与他人打交道，有启发他人的领导才能	教师、艺术家，或者其他能够帮助他人在情感、智力和精神上成长的职业
ENTJ 指挥官	坦率、果断，乐于担任领导者；具有发现漏洞和错误的能力；喜欢长远计划；博学多闻；能够有力地提出自己的主张	管理者、领导者，或者其他能够运用实际分析、战略计划和组织完成任务的职业

2. 其他性格类型划分与职业匹配

瑞士精神分析学家荣格将人的性格划分为内向型、外向型两种，如表 2.6 所示。

表 2.6　性格类型与职业匹配表 1

性格类型	特点	典型职业
外向型	对外界事物表现出关心和兴趣，善于表露自己的情感和行为，并乐于与人交往。更适合从事能充分发挥自己行动能力并与外界广泛接触的职业	管理人员、律师、政治家、教师、推销员、记者等
内向型	对外界事物缺少关心和兴趣，不善于表露自己的情感和行为，不乐于与人交往。比较适合从事有计划的、稳定的、不需要与人过多交往的职业	技术人员、艺术家、会计师、打字员、程序设计员等

一些教育学和心理学研究人员根据我国的实际情况，将职业性格分为 9 种基本类型，可作为选择职业的参考，如表 2.7 所示。

表 2.7　性格类型与职业匹配表 2

性格类型	特点	适合职业
变化型	在新的和意外的活动或工作情境中感到愉快，喜欢有变化的、多样化的工作，善于转移注意力	记者、推销员、演员等
重复型	适合连续从事同样的工作，按固定的计划或进度办事，喜欢重复的、有规律的、有标准的工种	纺织工、机床工、印刷工等
服从型	愿意配合别人或按别人的指示办事，而不愿意自己独立做出决策，担负责任	办公室职员、秘书等

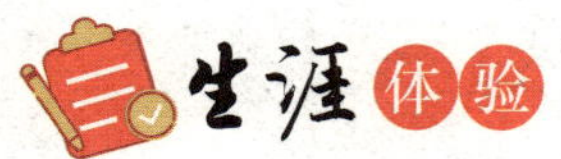

不同人眼中的我

“不识庐山真面目，只缘身在此山中。”一个人对自己的认识往往是有限的，而我们眼中的“自己”，和别人眼中的“自己”可能会有一些甚至是很大的差距。建议你通过自评、他评等多种方式来更好地认识自己，弄清楚你是谁。

一、我眼中的我

请写下你认为最符合自己的五个特质，如内敛、开朗等。

____

____

____

____

二、他人眼中的我

分别找同学、朋友、家人等熟悉自己的人，请他们每人写下你的五个特质。

____

____

____

____

____

三、分享与思考

请你对照“我眼中的我”和“他人眼中的我”，看看两者有什么相似的地方，有什么不同的地方，然后与同学一起讨论这些异同，并进行总结。

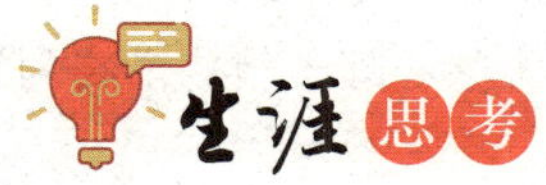

1. 你了解自己的气质类型吗？哪些职业与你的气质相匹配？
2. 你的性格特点是怎样的？哪些职业与你的性格相匹配？
3. 除了本节中提到的方法，你还有哪些完善个人性格的好方法？请你与同学分享一下。

第三节　探寻我的兴趣

导语

在影片《三傻大闹宝莱坞》中，有一个人叫法罕，从小到大他上什么样的学校，找什么样的工作，甚至娶什么样的老婆，都是父母说了算。法罕在这种环境下渐渐迷失了自我，他不知道以后到底要做什么。在好朋友兰彻的帮助下，法罕决定去做自己最喜欢的事情——摄影。他鼓起勇气说服了自己的父亲，然后一心一意去做自己最感兴趣的事情，最终成了一位著名的动物摄影师。法罕的故事值得同学们思考：我的兴趣是什么？它对我今后的人生会产生怎样的影响？

本节将和同学们一起了解“兴趣”，思考“兴趣”，领悟“兴趣”，希望同学们通过本节的学习，能够明白“兴趣”在个人成长和发展中的作用，积极培养自己的兴趣爱好，并将兴趣与未来的学业、职业选择结合起来，为今后能够从事自己最喜欢的工作创造机会，做好准备。

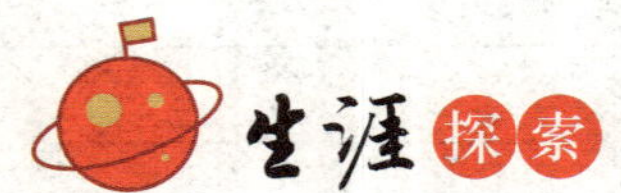

一、兴趣概述

（一）什么是兴趣

试想一下：什么事情能够让你兴奋不已并乐此不疲地去尝试和体验？这通常就是你的兴趣所在。兴趣就是人们对某些事物有感觉，想去做，产生了冲动。它让人在参与过程中专心致志，甚至达到“忘我”的状态。美国芝加哥大学心理学教授米哈利将这种“忘我的状态”称之为“flow”。

（二）兴趣的发展层次

一般来说，兴趣的发展会经历有趣、乐趣、志趣三个层次（图 2.1）。

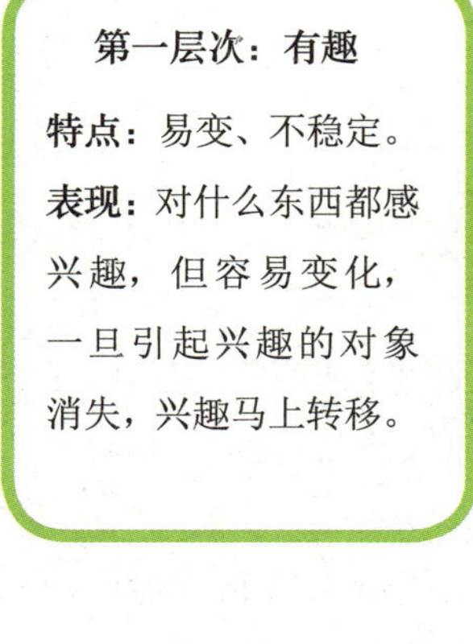

第二层次：乐趣

特点：趋向稳定与专一。

表现：对某一事物或活动有着特殊的兴趣，产生了参与意识；在行动上积极培养这种兴趣，开始显现这方面的特长。

第三层次：志趣

特点：非常稳定。

表现：将兴趣与个人理想、社会需要结合起来，并据此考虑和确定自己的志向。它是成功的重要保证。

图 2.1　兴趣发展层次图

二、兴趣与生涯发展

（一）兴趣能有效激发学习动力

爱因斯坦说：“兴趣是最好的老师。”兴趣是我们主动学习、积极思考、勇于探索的强大动力。如果我们对学习产生了浓厚的兴趣，往往会迸发出惊人的学习热情。浓厚的学习兴趣能够产生稳定而持久的专注力，它能帮助我们主动自觉地投入学习。

（二）兴趣是职业选择的起点

国际象棋女子世界冠军谢军自幼就喜欢象棋，10 岁时获得了北京市儿童象棋冠军，她以此为起点，最终登上了世界冠军的领奖台。兴趣成就事业，这样的案例比比皆是。著名作家刘绍棠的文学梦始于他对中国民间艺术的兴趣；王码集团总裁王永民，对计算机中汉字输入法产生了浓厚兴趣，他为研究汉字字根，制作整理了几万张卡片，最终成为“五笔字型”的创始人……

由此可见，兴趣是开启成功者事业大门的钥匙，不仅给成功者指明了前进的方向，也为成功者带来了智慧、效率和勇气。

对于高中生而言，兴趣对志愿填报和职业选择有着至关重要的作用。以兴趣为起点，同学们在未来有机会学习自己感兴趣的专业，从事自己感兴趣的职业。总而言之，兴趣激发我们的学习热情，是开发我们无限潜能的原动力。

（三）兴趣能够推动人的潜能开发

兴趣能够极大地调动人的主动性和创造性，可以促进人的想象力、记忆力等的发展，从而有效开发人的潜能，提高办事效率。有研究发现，一个人如果对一项工作有兴趣，就能发挥他全部才能的 80% ～ 90%，并且长期保持高效率而不感觉疲劳；而对工作没有兴趣的人，只能发挥他全部才能的 20% ～ 30%，并且工作效率偏低。

三、兴趣与职业

在众多职业中，你向往从事哪种类型的职业？这种想从事某种职业的愿望，就是职业兴趣。职业兴趣是职业选择中最重要的因素之一，是一种强大的精神力量。

美国学者霍兰德在其职业兴趣理论体系中强调：某一类型的职业通常会吸引具有相同人格特质的人，而具有相同人格特质的人对许多生活事件的反应模式也相似。他们创造了具有某一特色的生活环境，也包括工作环境。

根据霍兰德理论，个体的职业兴趣可以影响其对职业的满意程度。当个体所从事的职业和他的职业兴趣类型匹配时，个体的潜在能力可以得到较好的发挥，工作业绩也更加显著。

霍兰德理论将职业兴趣归纳为六种类型：实际型（R）、研究型（I）、社会型（S）、艺术型（A）、事业型（E）和常规型（C）。这六种职业兴趣类型的特点、环境要求、适宜职业及适宜专业如表 2.8 所示。

表 2.8　霍兰德理论适宜职业表

建议同学们在家庭条件等外部环境允许的情况下，尽量根据自己的兴趣来选择专业、职业，

职业兴趣类型	特点	职业环境要求	适宜职业	适宜专业
实际型（R）	愿意使用工具从事操作性工作，动手能力强，做事手脚灵活，动作协调；通常喜欢独立做事；喜欢户外活动或操作机器，而不喜欢办公室工作	通过手工活、机械技能对物件等进行操作；同与“人”打交道的能力相比，与“事物”打交道的能力更为重要	技术性职业（计算机硬件人员、制图员、工程师、机械装配工等）；技能性职业（木匠、厨师、技工、修理工等）	机械设计及其自动化、车辆工程、测绘工程、体育、土木工程、地质学、考古学、材料学、消防工程等
研究型（I）	抽象思维能力强，考虑问题理性，喜欢逻辑分析和推理；求知欲强，肯动脑，善思考，不愿动手；喜欢具有创造性、挑战性的工作；不会主动去做与人交流的工作，独立倾向明显	具有分析研究问题、创造性解决问题的能力；性格谨慎、思维缜密，能独立工作，有一定的写作能力等	科研人员、实验员、计算机编程人员、大学教授、医生等	哲学、经济学、社会学、历史学、心理学、数学、物理学、化学、生物学、地质学等人文或自然科学的基础性学科

续表

职业兴趣类型	特点	职业环境要求	适宜职业	适宜专业
社会型(S)	喜欢与人交往，善言谈；关心社会问题，渴望发挥自己的社会作用，具有强烈的社会责任感；喜欢与人合作，习惯通过和别人商讨或调整人际关系来解决面临的问题；愿意帮助他人成长，为他人提供服务	具备良好的人际交往能力，以及教导、医治、帮助他人等方面的技能；对他人表现出精神上的关爱；愿意承担社会责任	心理咨询师、社会工作者、教师、辅导员、医护人员以及各种服务行业人员	教育学、学前教育、护理学、社会学、社会工作、治安学、市场营销、劳动与社会保障、人力资源管理、旅游管理等
艺术型(A)	有创造力，乐于创造新颖、与众不同的成果；善于表达，渴望表现自我，实现自身价值；做事追求完美，具有一定的艺术才能和个性；喜欢文学、艺术和表演等具有创造性、变化性的工作，重视作品的原创性和创意	具备创造力以及对情感的表现能力；以非传统的方式来表现自己；相当自由、开放	作家、作曲家、乐队指挥、画家、记者、编剧、舞蹈家、雕刻家、演员、戏剧导演、摄影师、广告设计师、室内装潢设计师等	舞蹈表演、戏剧学、新闻学、广告学、编辑出版学、传播学、摄影、服装与服饰设计、音乐学、汉语言文学、外国语言文学等
事业型(E)	具备领导才能；喜欢竞争，敢冒风险，希望成就一番事业；做事有较强的目的性，习惯以利益得失、权利、地位、金钱等来衡量做事的价值	具备管理他人或说服他人的能力，敢于承担风险，目标导向明确	政治家、律师、法官、企业管理者、市场或销售经理、营销人员、投资商、批发商、广告宣传员等	工商管理、市场营销、经济学、国际经济与贸易、财政学、金融学、审计学、统计学、电子商务、公共事业管理、城市管理等
常规型(C)	喜欢规范、固定、有序的工作或活动；希望明确知道工作要求和标准，喜欢按计划办事，喜欢关注实际和细节，做事有条理，但不喜欢冒险和竞争；善于处理文字、数据等事物，以达到特定标准	具备文书技巧，领会并遵从指示的能力；能够按时完成工作并达到严格的标准；有组织，有计划	会计、出纳、办公室职员、税务员、秘书、档案工作者、图书管理员、行政人员等	行政管理、公关文秘、图书馆学、人力资源管理、信息资源管理、会计学、档案学、资产评估等

将个人兴趣与未来的学业、职业发展有效结合起来，把兴趣变成专业，把专业变成职业、事业，这将大大提高你事业成功的概率，也会让你的生活更加精彩。

四、兴趣培养

从有趣到志趣的发展过程是一个渐进的培养过程，需要我们有计划地进行兴趣培养。

（一）广泛参加社会实践活动

社会实践活动能让同学们有机会走出校门，走向社会，在更广阔的天地中去发现兴趣、培养兴趣。让我们在实践与探索中开阔眼界、增长见识、激发灵感。可以说，社会实践活动是兴趣萌发的摇篮，是培养和发展兴趣的必由之路。社会实践活动内容丰富，包括参观、访问、社会公益、夏令营等，同学们可以根据个人情况选择参加。

（二）逐渐形成中心兴趣

广泛的兴趣能够让同学们全面发展，而在广泛兴趣的基础上形成的中心兴趣，能让同学们学有所长，在特定的方向上获得成功和成就。

历史上有所作为的人，在拥有广泛兴趣的同时都有自己的中心兴趣。例如，汉代著名科学家张衡对数学、机械学、地理学、绘画等都感兴趣，但他的中心兴趣是天文学和地震学，他集中精力对天文和地震现象进行深入研究，最终发明了浑天仪和地动仪。

在同学们身边，中心兴趣稳定并取得突出成绩的学生，常常被称为“特长生”。他们在各种学科竞赛、竞技活动中屡屡获奖，因此，在升学和就业时也更容易受到考官的青睐。

中心兴趣的培养与发展是一个长期过程，要求我们善于观察、学习和领悟，勇于探索、实践和创新。因此，同学们就能在中学时期逐渐形成自己的中心兴趣，为升学和择业打好基础。

（三）用耐心和意志力培养兴趣

当同学们找到自己的兴趣之后，要通过长期的接触与学习，不断地熟悉它，耐心地培养它，让它逐渐成为自己的特长，成为自己适应社会的强大竞争力。在培养中心兴趣的过程中，同学们可能会遇到各种困难和挫折，这就需要同学们依靠耐心和百折不挠的意志力来战胜困难，发展兴趣，从而使兴趣得到升华，实现质的飞跃。

我的海岛之旅

海上有 6 座岛屿，各具特色。现在，你有机会到这些岛上去度假，甚至是工作和生活，你会如何选择呢？

R岛

自然、原始的岛屿。岛上保留有热带的原始植物，自然生态保持得很好，也有相当规模的植物园、水族馆。岛上居民以手工见长，自己种植花果蔬菜、修缮房屋、打造器物、制作工具。

C岛

现代、井然有序的岛屿。岛上建筑十分现代化，是进步的都市形态，以完善的户政管理、地政管理、金融管理见长。岛民个性冷静保守，处事有条不紊，善于组织规划。

A岛

美丽浪漫的岛屿。岛上充满了美术馆、音乐厅，弥漫着浓厚的文化艺术气息。同时，当地的原著居民还保留了传统的舞蹈、音乐与绘画，许多文艺界的朋友都喜欢来这里寻找灵感。

S岛

温暖、友善的岛屿。岛上居民个性温和、十分友善、助人为乐，社区均自成一个密切互动的服务网络，人们都互助合作，重视教育，弦歌不辍，充满人文气息。

E岛

显赫、富庶的岛屿。岛上的居民热情豪放，善于企业经营和贸易。岛上的经济高度发达，处处是高级饭店、俱乐部、高尔夫球场。来往者多是企业家、经理人、政治家等。

I岛

冥思、苦想的岛屿。岛上人迹较少，建筑物多为僻处一隅，绿野平畴，适合夜观星象。岛上有多处科博馆、科学图书馆等。岛上居民喜好沉思、追求真知，喜欢和来自各地的哲学家、科学家、心理学家等交流。

图 2.2　各具特色的海岛

问题一：现在，你获得了一个度假机会，可以去 6 座岛屿中的任意 3 座游玩。你会优先选择哪 3 座岛屿？请按照自己的兴趣进行选择。

我的度假计划：

选择 1：__________岛，因为：____

选择 2：__________岛，因为：____

选择 3：__________岛，因为：____

问题二：如果你有机会在其中一座岛屿上工作和生活，哪座岛屿是你心中的“桃花源”？请优先选择 3 座岛屿。

我的工作与生活计划：

选择 1：__________岛，因为：______________________________

选择 2：__________岛，因为：______________________________

选择 3：__________岛，因为：______________________________

上述活动是基于霍兰德职业兴趣理论进行的。通过对照每个岛屿所代表的职业兴趣，你可以重新审视自己喜欢和不喜欢的职业，这能帮助你进一步明确自己的职业定位。

1. 请谈一谈兴趣在你的学习、生活中的作用。

2. 你是否已经形成了自己的中心兴趣？如果没有，你打算如何形成自己的中心兴趣？

3. 你是否将自己的兴趣与未来的学业、职业选择联系在一起？如果没有，你打算如何构建兴趣与学业、职业之间的关系？

第四节 解密自己的潜能

每一个要在社会上立足的人都必须具备一般能力和职业所需的特殊能力。能力，是我们赖以生存和发展的重要保障。而获取能力是我们不断学习的主要目的。除了一些常规能力，我们每个人都有自己独特的潜能，这种潜能是巨大的，且每个人潜能的表现形式可能并不相同。正如美国心理发展学家霍华德·加德纳所说：“每个孩子都是一个潜在的天才儿童，只是经常表现为不同的方式。”因此，我们要努力开发自己的潜能，让自己潜藏的天赋得以最大限度的展现。

本节通过介绍能力的概念、能力与潜能的关系，以及多元智能理论，启发同学们努力培养自己的基本能力，挖掘自己的天赋、潜能，并进一步思考如何根据自己的能力和优势选择适合自己的专业、职业，引导其在自己最擅长的领域发展，鼓励其用能力武装自己，增强其社会竞争力。

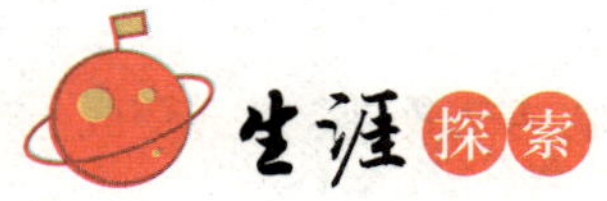

一、认识能力

（一）什么是能力

在探寻未来发展方向，制订生涯规划的过程中，我们必须要思考一个问题：“我能够做什么？”这个问题指向的是个人的能力。为了学习、工作和生活，我们必须具备一些最基本的能力。能力是指顺利完成某种活动所必须具备的个性心理特征，通过对智力、知识、技能等的反复训练而获得。

（二）一般能力与特殊能力

能力包括一般能力和特殊能力。

一般能力是指观察、记忆、思维、想象等能力，通常也叫作智力。它是人们不可缺少的能

力，是能力中最主要的部分。

特殊能力是指人们从事特殊职业或专业所需要的能力。例如，音乐中所需要的听觉表象能力；专门从事纺织或染色的工人，要能分辨出40多种浓淡不同的黑色纺织品；品酒师要能品出各种品牌的酒。

人的学习、工作和生活都要依赖自身的能力，没有任何能力的人根本无法生存。人们所从事的任何一项专业性活动，既需要一般能力，又需要特殊能力，二者也是相互促进的。能力是人们在自然界生存和社会中发展的基本条件和基础，是人们进行职业选择和促成未来事业成功的重要因素。因此，我们必须努力培养和提高自己的能力。

二、能力与潜能的关系

被称为“中国雨人”的周玮，在出生六个月后生了一场怪病，他的语言功能退化，无法与他人正常对话，这对周玮的成长造成了很大的影响。10岁时，周玮才成为小学一年级的一名旁听生。15岁时，他被迫退学。但是，就是这样一个在众人眼里和“白痴”无异的孩子，在《最强大脑》节目中却展现出了非同一般的算术天赋。节目之后，周玮被称赞为“最强大脑”“人类真正的天才”。后来，节目组带周玮到北京师范大学进行韦氏智力测验，结果发现周玮的言语量表智商65，操作量表智商52，全量表智商56，远低于正常水平。但他在数学上，特别是数字运算上的能力，远远超过正常人。这就是周玮独特的潜能。

潜能是一种尚未显现的能力，它一旦外化，与活动联系起来并影响活动效果，就会变成一种潜在能力，即通常所讲的天赋。

著名的“冰山理论”形象地说明了人类的巨大潜能，人的能力如同一座浮在海面上的冰山，浮出海面的冰山如同一部分人类已知的能力；而隐藏在海面下的冰山则是人类未知的潜能，且往往是显露部分的5倍、10倍、20倍、30倍……

成功的前提在于知道自己的优势在哪里。我们要努力开发自己的天赋、潜能，让自己潜藏的能力得以最大限度地展现，进而将其变为自己的核心竞争力。

三、多元智能理论

多元智能理论是由美国哈佛大学教育研究院的心理发展学家霍华德·加德纳在1983年提出的。加德纳认为，从基本结构来讲，智力不是一种能力，而是一组能力。也就是说，智力不是单一的，而是多元的（图2.3）。例如，建筑师的空间智能较强，运动员的身体运动智能比较突出，作家的语言智能和自我认知智能较强等。我们可以通过多元智能测试，识别自身的优势、潜能，充分挖掘和发展自身潜能，并有意识地加强短板训练，从而为今后的职业发展打下坚实基础，如表2.9所示。

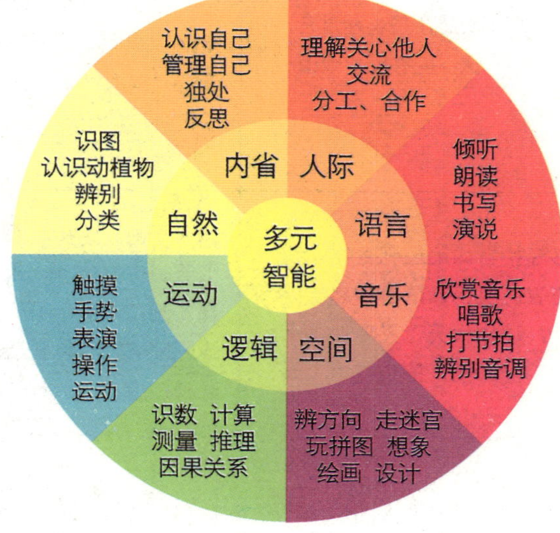

图2.3　多元智能解释圆形图

表2.9　多元智能解释表

智能	智能体现	工作技能	代表性职业
语言表达智能	词汇量丰富，善于运用修辞；有语言天赋，能很快学会外语、方言等；擅长快速阅读、写作、讲故事等；擅长欣赏、创作各类文学作品	与人交谈、写作、用言辞表达、口译、笔译、教学、编辑、计算机文字处理、归档、报告等	编辑、图书管理员、播音员、翻译、作家、新闻记者、律师、秘书、语文老师等
数理逻辑智能	对数字和事物间的各种关系非常敏感；擅长通过数理运算和逻辑推理进行思考；有很强的数字运算能力；善于通过数据分析，揭示现象与规律；具有很强的抽象思维能力	理财、经济研究、推理、计算、统计、审计、推测、分析、组合、归类等	数学家、审计师、会计师、科学家、统计学家、经济学家、计算机分析师等

续表

智能	智能体现	工作技能	代表性职业
空间运用智能	对色彩、线条、形状、结构、位置等高度敏感；形象思维能力强，善于将文字、想法转换成图像；有敏锐的定位感和方向感	画图、想象、图书制作、设计、创意、发明、图解、制表、制图、摄影、装饰、影片制作等	工程师、建筑师、城市设计师、摄影师、绘图员、飞机驾驶员、雕刻家等
音乐旋律智能	对音乐高度敏感；擅长通过音乐表达情感和想法；能够创作或改编音乐	唱歌、弹奏乐器、指挥、即兴创作、作曲、调音、编写管弦乐、音乐赏析、评论等	音乐家、钢琴调音师、作曲家、歌手、音乐节目主持人等
身体运动智能	能够轻松自如地控制身体；善于用体态表达自己的情感和想法；擅长舞蹈，动作优美、灵巧；善于运动；动手能力强，擅长使用工具	平衡、跑步、手工艺制作、修理、组合安装、表演、唱歌、戏剧表演、服装展示、跳舞、运动、旅行等	舞蹈演员、体育老师、编舞者、模特、职业运动员、技工等
人际交往智能	能够敏锐地觉察他人的情绪、动机和意图，并做出恰当的反应；可以与他人融洽相处；善于处理人际交往中出现的各种状况	服务、接待、沟通、交易、心理咨询、顾问、说服、激发动机、推销、谈判、仲裁、洽谈等	行政主管、社会学家、心理学家、心理辅导员、公关人员、推销员、导游、社会工作者、人事行政人员等
自我认知智能	清晰地觉察自己的情绪、想法等，并做出合理的调整；善于站在他人角度考虑问题；有明确的目标；对人对事有自己的价值判断标准和行为准则	执行决策、单独工作、自我提升、设定目标、达成目标、评定、估算、规划、组织、自省、自知等	心理学家、心理治疗师、哲学家、企业家、心理辅导人员等
自然观察智能	善于观察和学习动物习性、生态环境等；擅长学习生物等科目及相关实验课程；擅长养花或照顾小动物	标本制作、种苗培育等	生物学家、动植物学家、天文学家、园艺师等

四、潜能开发途径

人的大脑拥有约140亿个大脑细胞，人脑的潜能还没有被完全挖掘。同学们可以到专业机构进行多元智能测评，了解自己的优势潜能组合，有针对性地挖掘和发展自己的优势潜能。我们要相信人的潜能是无穷的，被开发出来的只是一小部分。那么，如何开发自己的潜能？

（一）潜能开发最有效的方法就是实践

同学们要勇于在实践活动中有意识地培养和锻炼自己，抓紧时间，勤学苦练。鲁迅先生曾说：“即使是天才，出生时的第一声啼哭也和平常儿童一样，绝不会是一首好诗。”这句话耐人寻味，说明即使是天才，也必须努力奋斗才能获得成功。

同时，我们还应积极发现、敢于创新。对事物始终保持好奇心，积极探索事物的具体现象和客观规律，勇于尝试各种新鲜事物，不要没有做就认为自己不行。在实践与探索中挖掘自己的潜能，就会不断得到惊喜和成长。

（二）强化积极的自我暗示

同学们要学着用积极的自我暗示来打开潜能的宝库之门。例如，每天早上照镜子时对自己说“我能行”；把鼓励自己的话语贴在随处可见的地方。通过经常性的、积极的自我暗示，心理上会使我们处于一个良好的状态，促使我们产生与积极心态相一致的行为，从而有效提高潜能开发的效率，最大限度地激发潜能。

（三）潜能开发离不开意志力的加持

即使在某方面具有天赋的人，也不是生来便具备高水平的能力，而是在优势潜能的基础上不断训练和积累形成的。花样游泳运动员为了让动作组合更优美，不得不练习长时间水下闭气和灵活改变各种体位，他们闭气的时间和水下动作的速度远远超过正常人。这是通过刻苦练习让潜能得到发挥的最佳例证。

潜能开发是一个漫长的过程，它包括对自我能力的发现、培养和实践。在这个过程中，意志力发挥了能量加持的作用。如果没有持之以恒的学习，没有孜孜不倦的追求，潜能便永远处于“潜在状态”，无法成为真正属于我们的能力。

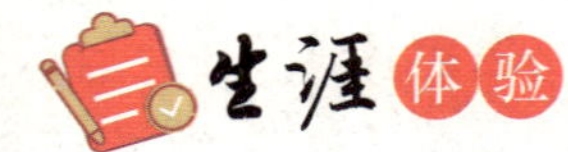

我的能力我的梦

每个人都有自己的优势潜能：有的人能用美妙的歌声和精彩的表演感染观众；有的人能够出口成章、妙语连珠；有的人善于控制自己的肌肉与骨骼，在竞技运动中大显身手；有的人空间想象能力比较强，善于设计和创造……你的优势潜能是什么？请你通过探索和体验，发现自己的优势所在，以便更好地开发自己的潜能，成就更出色的自己。

一、填写“我目前拥有的能力”

请你把目前拥有的能力填在相应的方框内，然后在自己觉得不错的能力后面涂一颗☆；在自己觉得很强的能力后面涂两颗☆；在自己觉得很有天分的能力后面涂三颗☆。填完后，分小组讨论以下几个问题。

1. 请举例说明你的某项能力。

2. 如果你把某项能力练到“出神入化”的地步，这会带给你什么好处？

3. 假如某项能力让你获得大奖，你觉得这可能会是什么奖？

4. 假如某项能力让你获得很高的报酬，你觉得它会是哪种能力？什么样的职业特别需要这种能力？

二、填写“我希望拥有的新能力”

除了上述已具备的能力，你还希望拥有哪些能力？在这些能力中，还有哪些是你感兴趣的，哪些是你认为应该具备的？请你认真思考，并写下你希望拥有的新能力。

三、填写“职业能力要求”

请你选择一种自己向往或喜欢的职业，并思考需要具备哪些能力才能胜任这种职业。然后在“我目前拥有的能力”和“我希望拥有的新能力”两栏中，把这些能力圈出来。如不在两栏中，则将这些能力填写在“职业能力要求”一栏里。

	我目前拥有的能力		我希望拥有的新能力
1		☆ ☆ ☆	
2		☆ ☆ ☆	
3		☆ ☆ ☆	
4		☆ ☆ ☆	
5		☆ ☆ ☆	
6		☆ ☆ ☆	
7		☆ ☆ ☆	
职业能力要求（不在上列之中）			

1. 你感兴趣的职业是否与你的优势潜能相匹配？如果不匹配，你认为应该怎么做？
2. 除了本节介绍的潜能开发途径，你认为还有哪些方法可以有效开发自己的优势潜能？

第五节 不同的价值观，演绎不同的人生

导语

价值观是我们心中的一架天平，天平倾斜的角度反映了我们心中对不同事物的重视程度。不同的价值观，会演绎不同的人生。因此，我们在进行职业规划、生涯规划之前，必须厘清自己的价值取向，明确自己对职业、对未来有怎样的期待。另一方面，作为祖国未来的建设者和接班人，我们必须要有勇担责任的意识，自觉以社会主义核心价值观作为标尺。只有端正价值观，我们才能制订出符合个人和社会发展需要的生涯规划。

本节介绍价值观、职业价值观等基本概念，以及价值观与职业的关系，帮助学生准确理解价值观的作用，探索自身的价值取向。同时，强调社会主义核心价值观是青少年追求人生理想的价值标尺，也是引导学生探索价值观培养的有效途径。

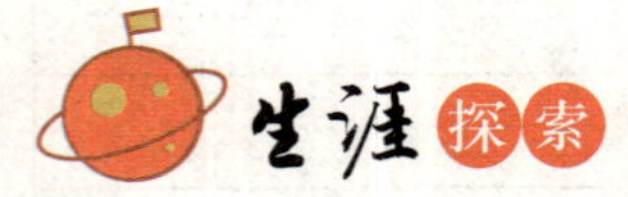

一、价值观与职业价值观

（一）什么是价值观

价值观是人们用于区分好坏、辨别是非和衡量重要性的心理倾向体系。它是人们内心的一杆标尺，衡量着不同事物在人们心中的价值和地位，例如，有人喜欢安稳的生活，有人喜欢刺激冒险的工作，有人喜欢在生活和工作中赢得他人的尊重，等等。价值观指向的是人们内心最看重、认为最有价值的事物。

（二）什么是职业价值观

在阿里巴巴 2007 年的年会上，马云表示，企业文化和价值观正是阿里巴巴保持快速、稳健发展的关键因素。据了解，阿里巴巴的企业价值观被具化为一个金字塔形。“诚信”“激

情”和“敬业”是员工首先要具备的素质，而“团队合作”“拥抱变化”则位于第二层，最终实现“客户第一”（图 2.4）。

那么，究竟什么是职业价值观？职业价值观是价值观在职业生涯上的具体表现，是人们内心对某种职业的渴望。它影响着人们对职业的选择与期待，也决定了人们的工作态度和工作效率。

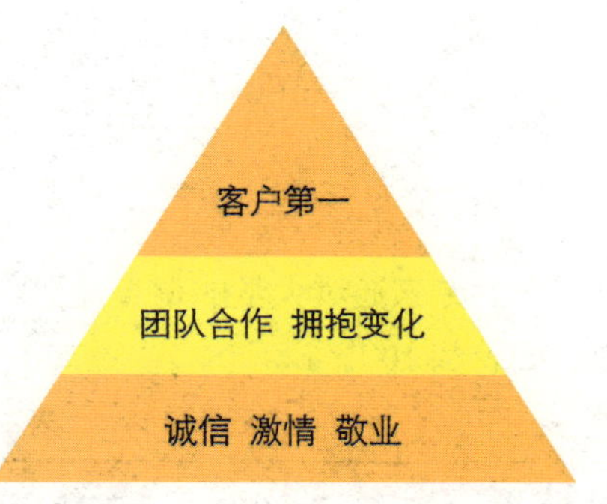

图 2.4　阿里巴巴金字塔形企业价值观

（三）价值观与生涯发展

是追求舒适的工作环境，还是向往有挑战性的工作；是在工作中赚取大量金钱，还是通过工作赢得他人尊重……这是进行职业生涯规划时我们常常要面临的选择。事实上，不同的价值观能够反映出一个人适合从事什么样的职业。

例如，你认为创造性是实现工作价值的一项重要指标，那么你可能比较适合建筑师、设计师、广告创意人员、工程师、表演艺术家等这些以创造性为显著特征的工作；如果你认为帮助他人有意义，你可以从事与服务有关的工作；如果你喜欢刺激，就可以选择从事充满冒险的行业。

一个人越清楚自己的价值取向，在生涯规划过程中就越能够做出适合自己的正确的生涯决策。同时，端正自己的价值观，也有利于我们树立正确的人生方向和积极的处世态度。

二、马斯洛的需求层次理论

马斯洛的需求层次理论将人的需求分为五个层次：生理需求、安全需求、归属与爱的需求、尊重需求和自我实现的需求（图 2.5）。只有在低层次需要得到满足以后，人们才会追求更高层次的需要。这些需求体现在生活中，就成为我们的价值观。

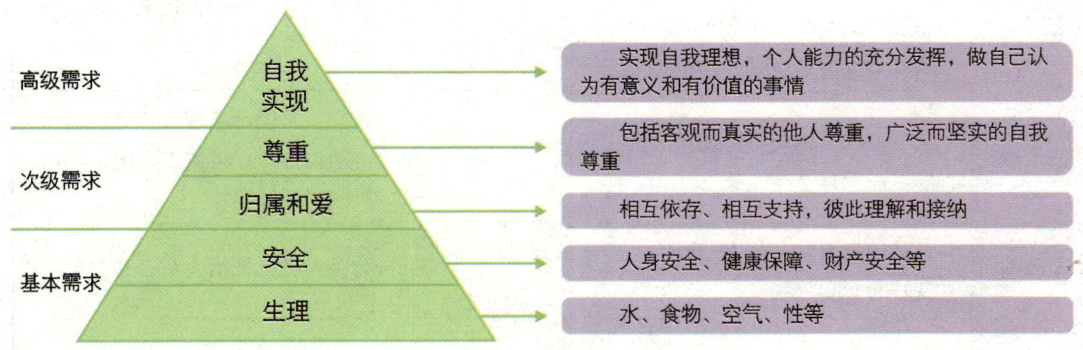

图 2.5　马斯洛需求层次理论示意图

三、价值观与职业

职业专家通过大量的调查，把职业价值观分为九大类，并将适合个人的职业类型与之相对应，如表 2.10 所示。

表 2.10　职业价值观与适宜职业表

类型	具体体现	适宜职业
自由型	不愿受人干涉，想充分施展本领，凭自己的能力拥有自己的小“城堡”	室内装饰专家、图书管理员、摄影师、音乐教师、作家、演员、记者、诗人、作曲家、编剧、雕刻家、漫画家等
经济型	认为世界上的各种关系都建立在金钱的基础上，包括人与人之间的关系，甚至认为金钱可以买到世界上所有的幸福	各种职业中都有这种类型的人，商人为甚
支配型	渴望成为领导者，喜欢发号施令，希望受到他人的尊敬，常常无视他人的想法	推销员、进货员、旅馆经理、饭店经理、广告宣传员、调度员、律师、政治家、零售商等
小康型	优越感很强，渴望拥有社会地位和名誉；欲望得不到满足时，由于过分强烈的自我意识，有时反而很自卑	会计、银行出纳、法庭速记员、成本估算员、税务员、核算员、打字员、办公室职员、计算机操作员、统计员、秘书等
自我实现型	一心一意想主张个性，追求真理，不考虑收入、地位及他人对自己的看法；尽力挖掘自己的潜力，施展自己的本领，并视此为有意义的生活	气象学家、生物学家、天文学家、药剂师、动物学者、化学家、报刊编辑、地质学者、物理学者、数学家、实验员、科研人员、科技工作者等
志愿型	富有同情心，把他人的痛苦视为自己的痛苦，把默默帮助不幸的人视为无比快乐的事情	社会学家、福利机构工作者、导游、咨询人员、社会工作者、护士等
技术型	专注于钻研一门技术，认为立足社会的根本在于有一技之长	木匠、农民、工程师、飞机机械师、自动化技师、机械工、电工、司机、机械制图师等
合作型	认为朋友是最大的财富，喜欢与人保持良好的人际关系	公关人员、推销人员、秘书等
享受型	喜欢安逸的生活，不愿意从事任何挑战性的工作	无固定职业类型

四、社会主义核心价值观是我们追求人生理想的价值标尺

党的十八大报告明确提出："倡导富强、民主、文明、和谐，倡导自由、平等、公正、法治，倡导爱国、敬业、诚信、友善，积极培育社会主义核心价值观"。富强、民主、文明、和谐是国家层面的价值目标，自由、平等、公正、法治是社会层面的价值取向，爱国、敬业、诚信、友善是公民个人层面的价值准则，这 12 个词语是社会主义核心价值观的基本内容，为培养和实践社会主义核心价值观提供了基本准则。

青少年肩负着民族的希望和未来，承担着祖国和历史的重大责任。是否具备正确的价值观，直接关系到中华民族的整体素质，关系到国家的前途和民族的命运。十九大报告更是明确提出，培育和践行社会主义核心价值观，要以培养担当民族复兴大任的时代新人为着眼点。

生涯规划教育的基本原则在于坚持立德树人，用社会主义核心价值观引导青少年进行学业规划、人生规划，形成正确的生涯发展观，树立与时代主题同心同向的目标理想，并将社会主义核心价值观融入个人成长和发展的方方面面，积极成为中国精神、中国价值的代言人。

五、培养正确的价值观

青少年正处于价值观形成的关键时期，应该积极地思考自己最想要的生活方式，了解什么事情该做，什么事情不该做，逐渐形成正确的价值观。

（一）加强价值观学习

我们要勤学苦研，向书本学，向榜样学，向社会学，让社会主义核心价值观入脑、入心。通过不断学习积累知识、塑造品格，提高明辨是非、抵制诱惑的能力，在学习中树立正确的世界观、人生观、价值观，把报效祖国、服务人民作为自己的人生追求。

（二）积极参加社会实践

我们除了要自觉学，还要深入做。例如，参加"青年志愿者"活动，关爱"空巢老人"、留守儿童等，既要在实践中加深对社会主义核心价值观的理解和认同，又要积极成为社会文明进步的参与者和推动者。

（三）主动宣传社会主义核心价值观

社会主义核心价值观要深入社会，深入人心，离不开广泛宣传。宣传社会主义核心价值观的过程其实也是我们巩固自身价值观的过程。我们有义务也有责任加入宣传的队伍，在家中可以向家人宣传，在学校可以向同学宣传，在校外可以参与各种志愿宣传活动，还可以利用互联网等现代科技手段进行宣传，大力弘扬爱国主义、集体主义精神，社会主义荣辱观等。

（四）自觉从小事做起

我们可以从小事做起，在日常的点滴行动中逐渐培养正确的价值观。爱国，就从对父母表达感恩之情，对母校、对家乡表达热爱之情入手，进而升华到对民族、对祖国的热爱；敬业，就要先完成学习任务，勤奋读书，学有所成；诚信，就从诚实、守时、守信做起；友善，就要学会团结合作，乐于关心、帮助他人；法治，就从遵守班规校纪、遵守社会公德做起，等等。

价值观探索活动

活动一：

假如我……

◎假如我有一亿元人民币，我会______________，因为______________________。

◎我为改变世界想做的一件事是______________，因为______________________。

◎我一生中最想要的是______________，因为______________________。

◎我做得最好时是当我______________，因为______________________。

◎我最常幻想的是______________，因为______________________。

◎假如我只有 24 小时的生命，我会______________，因为______________________。

◎我给子女的忠告会是______________，因为______________________。

◎假如我能改变自己的一样东西，那将会是______________，因为______________________。

思考：你有没有发现上面这些“假如我……”共同的关键词是什么？________________。

活动二：

1. 职业价值选择

请结合上面的“假如我……”关键词，在下表提供的职业价值观清单中，找出你希望在未来的职业中能体现的工作价值，用彩色笔圈出来。

社会价值	独立自主	团队合作	身心健康
帮助他人（爱）	成就感	工作的变化性	自我实现
审美追求	舒适的工作环境	社会地位	个人发展
创新	机会均等	工作稳定性	家人认同
艺术创造	赏识和认可	收入和福利	归属感
智力操作	人际和谐	工作与生活平衡	权利
兴趣特长	技术操作	社交活动	具有挑战性

我看重的有（若干个）：____。

我最看重的是（1个）：____。

2. 大学和专业选择

（1）你在选择大学和专业时会看中哪些因素呢？请在下表中圈出你认为最重要的5个，并划掉你认为最不重要的3个。

符合个人兴趣	发挥优势能力	学校的地理位置
是否容易出国	科学知识掌握	工作技能的掌握
离家远近	学校排名	社会贡献
经济投入（学费、生活费等）	将来工作的经济回报	是否有利于利用各方资源
是否有同学同行	学习生活环境	父母意见

（2）在你最终填报志愿时，你遗憾地发现没有一所大学或者专业的选择能够同时满足这5个因素，经过深思熟虑，你又划掉了2个。

（3）然而，你发现能满足剩下3个因素的学校或专业，对考生有种种限制，你最终只能留下最重要的1个：____。

活动三：

自我检视与总结

1. 你的职业价值观是____
____________________________________。（按照你心中的优先顺序来写）

2. 影响你选择高校与专业的价值观是____________________________
____________________________________。（按照你心中的优先顺序来写）

1. 你在职业选择中最看重什么？请说明原因。
2. 请你参考本节介绍的价值观培养方法，制订自己的价值观培养计划。

第六节　生涯探索活动

这就是我

在这一单元，我们从兴趣、能力、性格、价值观等方面对自己进行了深入剖析，初步了解了自己是一个什么样的人，包括自己喜欢什么，擅长什么，最重视什么等。下面我们来进行一番自我总结，以便更好地进行生涯探索与规划。

探索活动一：兴趣、能力大考察

在生涯规划过程中，我们要从个人兴趣、能力、性格、价值观等方面进行综合评估，找到“想”与“能”的最佳结合点。下面这个“兴趣—能力四象限表”可以帮助我们思考兴趣与能力的匹配度。

高兴趣、高能力的选择可以作为事业发展的方向；高兴趣、低能力的选择可以作为业余爱好；低兴趣、高能力的选择可以作为谋生手段的，要努力做好；如果低兴趣、低能力的选择在现实中不能平衡和改善，就可以放弃了。

能力＼兴趣	高兴趣	低兴趣
高能力	事业发展：	谋生手段：
低能力	业余爱好：	现实平衡：

建议：在日常生活和学习中，我们应该在发展个人兴趣的过程中有意识地挖掘自身的优势能力，或在擅长的活动中培养兴趣，尽可能减少兴趣和优势能力之间的矛盾，从而真正找到适合自身发展的领域，获得兴趣的满足、能力的提升。

探索活动二：自我总结

现在把你的基本情况罗列出来，为制订科学的生涯规划方案提供重要依据。

<table>
<tr><td rowspan="8">自我分析</td><td>兴　趣</td><td></td></tr>
<tr><td>能　力</td><td></td></tr>
<tr><td>个　性</td><td></td></tr>
<tr><td>职业
价值观</td><td></td></tr>
<tr><td>专业选择</td><td></td></tr>
<tr><td>职业交集</td><td></td></tr>
<tr><td>专业类型
交集</td><td></td></tr>
</table>

第三单元

探知生涯环境

如今科技发展日新月异，同学们只有把握住了时代的新趋势，才能铸就自己的辉煌人生。例如，知识付费时代的到来，让很多拥有丰富学识或某一专业技能的人感受到了前所未有的机遇，也让越来越多的人开始从这条道路出发规划自己的职业生涯。

第一节　时代新趋势探知

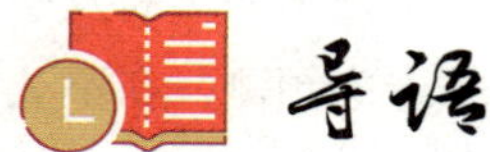

处于不同发展阶段的社会为个人提供了不同的发展机会，也对人才的素质提出了不同的要求。因此，同学们在用功读书之余，还要对时代的发展、社会的进步始终保持敏锐的触觉，力争准确把握时代脉搏，在升学和就业选择上顺应时代发展的需求，顺势而为，就能获得更广阔的发展空间。

本节介绍未来社会与产业发展趋势、我国人才需求状况等内容，与同学们共同探讨如何制订符合社会发展趋势的生涯规划方案，并解读适应 21 世纪变革的核心素养，引导学生厘清个人能力的优势与不足，明确能力培养方向。

一、未来社会与产业发展趋势

我们每个人都是社会中的一员，我们的生活、工作、休闲等无不与社会紧密相连。可以说，如果脱离了社会，我们将孤立无援。因此，在制订生涯规划的过程中，我们必须对社会发展趋势有一个基本的了解，争取牢牢抓住社会与时代为我们提供的发展机遇。

（一）以信息化、数字化等技术为特征的知识经济产业快速发展

随着数字、网络技术等高新技术的不断发展和进步，当今社会已经发展成为以信息经济、数字化经济等为特征的知识经济时代。例如，“互联网 +”的战略推进，促进了以云计算、物联网、大数据为代表的新一代信息技术与现代制造业、生产性服务业等产业的融合，打造了新的产业增长点。著名企业家马云曾说过，未来 30 年，新零售、新制造、新金融、新技术、新能源将对各行业产生巨大冲击。未来，以信息技术、人工智能等为代表的高新技术将被广泛应用到各行各业，将给人类社会带来翻天覆地的变化。

（二）消费趋于多元化和个性化

随着人们生活水平和受教育程度的提高，人们的消费观点不断更新，消费需求也日趋多元化和个性化，“私人订制”“按需定制”俨然成了时尚潮流。特别是随着高新技术的不断发展和应用，使得大规模按消费者个人要求进行各种消费品的生产成为可能。据专家预测，在不久的将来，人工智能将会成为很多行业的基础，将成为像电力一样无处不在的商品化服务，会被植入人类制造的产品中，成为一种“服务”，人们对它有需求时只要“下单”就可以了。人工智能的发展，为满足人们的多元化和个性化需求提供了极大的便利。

（三）服务业将迎来暴涨期

随着城乡居民收入持续增长和消费的不断升级，人们的社会需求也日趋多样化和个性化，为服务业的发展创造了契机。对教育、健康、娱乐、美容、文化、旅游等服务行业的需求迅速扩张。2016 年，服务业占 GDP 的比重上升为 51.6%。尤其是信息技术的发展，降低了服务业的准入门槛，也加快了服务业的发展步伐。例如，注册“爱彼迎”，自己家就可以开旅馆了；注册“滴滴”，你就可以开网约车赚钱了；像私厨美食、美容美甲、时尚买手、代购等，只要你有技能，就能直接给用户提供服务。

（四）健康产业将迎来井喷发展

随着人们生活水平的提高，人们越来越关注以健康为代表的生活质量问题。加上近年来，健康问题日益突出，暴饮暴食、富营养化、缺乏锻炼等因素导致亚健康人群不断增加；环境污染残留经由食物进入人体，造成人体病变；老龄化速度加快，30 年后，中国的老年人口数量会突破 4 亿。同时，食品药品安全、饮水安全、职业安全和环境问题等也成为重大健康隐患。面对日趋高涨的健康需求以及持续增加的健康压力，健康产业将迎来前所未有的产业机遇。预计到 2020 年，我国健康产业规模将达到 8 万亿元，占 GDP 的比重将达到 6.5%。

二、探索我国人才需求状况

（一）我国人才开发面临挑战

进入 21 世纪以后，我国人才培养主要面临两大挑战：竞争加剧、档次提升。一方面，我国面临着高新技术人才短缺的人才危机，而且很多发达国家也同样面临这样的困扰，因此高层次、多功能的人才将成为各国“人才争夺战”的主要争夺对象。另一方面，随着社会的发展和科技的进步，社会对人才需求的档次将会不断提高，复合型、创新型人才走俏，单功能、低层次的工作者将受到冷遇。这两大挑战必然会加速人才培养进程，促进人才素质的全面提升。

（二）我国出现技能型人才紧缺现象

近年来，由于我国经济的快速发展，特别是农业产业化、新型工业化和服务现代化对技能型人才的需求越发强劲，我国出现了技能型人才紧缺的现象。一是技能型人才总量不足，中、高级技能人员及高级专业人员需求缺口较大；二是技能型人才结构不合理，在我国总体劳动力供大于求的状况下，求职者中技能人才所占比例偏低。据管理咨询公司麦肯锡的最新报告显示，到 2020 年，如果劳动者的技能不能进一步得以提升，中国将面临 2400 万的人才供应缺口。技能型人才紧缺问题已成为我国经济发展的瓶颈，必须采取相应措施，加快人才结构调整，提高职业教育水平，逐渐缓解人才紧缺的状况。

（三）21 世纪我国需求相对旺盛的人才类型

根据分析，21 世纪我国需求相对旺盛的人才类型主要有以下 15 类：电脑软件人才、通信人才、信息人才、网络人才、数据管理人才、金融人才、新材料和新能源人才、环保人才、医疗保健人才、旅游人才、娱乐服务人才、法律人才、咨询与策划人才、研究与开发人才、教育人才。

三、社会发展趋势与生涯规划

中国科学院院士施一公是首位获得瑞典皇家科学院“爱明诺夫”奖的中国科学家。他在高中阶段凭借全国数学竞赛河南省第一名的优异成绩被保送到清华大学。当时，他报考的第一专业并非他现在从事的生物化学专业，而是机械专业。清华大学的老师在招生时对他说：“生物化学是 21 世纪的科学。”于是，施一公走上了生命科学研究这条路。施一公说，他是根据未来世界发展的需求选择了生物化学专业。

施一公的经历告诉我们，在进行生涯规划的过程中，顺应社会需要和未来趋势选择专业，才能学有所用、学以致用。

国家培养人才，其根本目的是为了满足社会经济发展的需要。因此，同学们在为自己制订生涯规划时，要用全局性和前瞻性的眼光来认识社会、了解时代，既要了解社会的发展现状，又要看到社会未来的发展趋势。此外，同学们还要学会根据社会的需要来选专业、选职业，学会与时代同频共振、与社会同步向前，社会也为同学们提供一展所长的平台。同学们也能有效避免出现学非所用、用非所学，甚至毕业就失业的现象。

因此，在进行生涯规划时，同学们既要顺应社会发展趋势，又要考虑自己的兴趣和特长；尽量找到既适应未来社会发展需要，又符合自己兴趣特长的职业。

四、适应21世纪社会变革的核心素养

2014年，教育部研制印发《教育部关于全面深化课程改革落实立德树人根本任务的意见》，提出“教育部将组织研究提出各学段学生发展核心素养体系，明确学生应具备的适应终身发展和社会发展需要的必备品格和关键能力”。核心素养课题组由北京师范大学等多所高校的近百名研究人员组成，历时三年集中攻关，并经教育部基础教育课程教材专家工作委员会审议，最终形成研究成果，确立了六大核心素养。

（一）文化基础

文化是人存在的根和魂。文化基础，重在强调能习得人文、科学等各领域的知识和技能，掌握和运用人类优秀智慧成果，涵养内在精神，追求真善美的统一，发展成为有宽厚文化基础、有更高精神追求的人。

1. 人文底蕴

主要指同学们在学习、理解、运用人文领域知识和技能等方面所形成的基本能力、情感态度和价值取向。具体包括人文积淀、人文情怀和审美情趣等基本要点。

2. 科学精神

主要指同学们在学习、理解、运用科学知识和技能等方面所形成的价值标准、思维方式和行为表现。具体包括理性思维、批判质疑、勇于探究等基本要点。

（二）自主发展

自主性是人作为主体的根本属性。自主发展，重在强调能有效管理自己的学习和生活，认识和发现自我价值，发掘自身潜力，有效应对复杂多变的环境，成就精彩人生，发展成为有明确人生方向、有生活品质的人。

1. 学会学习

主要指同学们在学习意识形成、学习方式方法选择、学习进程评估调控等方面的综合表现。具体包括乐学善学、勤于反思、信息意识等基本要点。

2. 健康生活

主要指同学们在认识自我、发展身心、规划人生等方面的综合表现。具体包括珍爱生命、健全人格、自我管理等基本要点。

（三）社会参与

社会性是人的本质属性。社会参与，重在强调能处理好自我与社会的关系，遵守和履行道德准则和行为规范，增强社会责任感，发展创新精神，提升实践能力，促进个人价值实现，推动社会发展进步，成为有理想信念、敢于担当的人。

1. 责任担当

主要指同学们在处理自己与社会、国家、国际等关系方面所形成的情感态度、价值取向和行为方式。具体包括社会责任、国家认同、国际理解等基本要点。

2. 实践创新

主要指同学们在日常活动、问题解决、适应挑战等方面所形成的实践能力、创新意识和行为表现。具体包括劳动意识、问题解决、技术应用等基本要点。

“中国学生发展核心素养”是学生发展自我、融入社会及胜任工作所必需的素质与能力，是适应21世纪社会变革应具备的关键素养。同学们应该以此为参考和目标，努力提升个人的核心能力与综合素质，为迎接时代和社会的挑战做好准备。

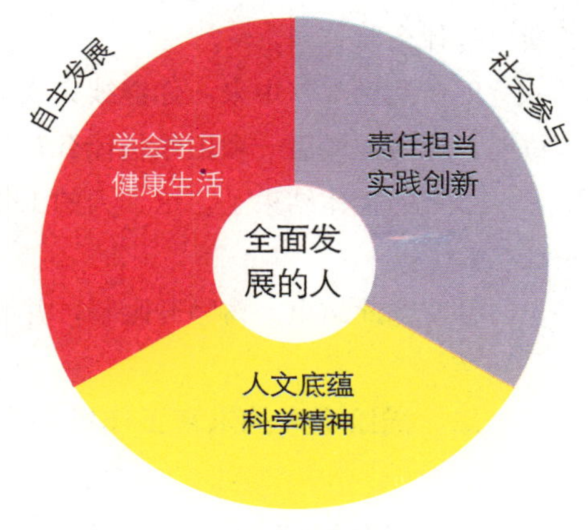

图 3.1　核心素养示例图

畅想未来工作场景

一、活动引导

请你闭上眼睛，做几次深呼吸，跟随音乐的旋律和老师的引导语，让自己放松下来。听完引导语后，请根据你脑中畅想的情景，画一张未来工作生活图（简单画出你畅想的未来工作生活的图景，不用在意绘画技能的高低）。

【引导语】

想象你现在正处在十年后的某一个普通的工作日。早上，你起床洗漱后，正站在衣柜前考虑要穿什么衣服去上班，是西装、制服裙，还是工作衫？选好衣服后，你站在镜子前整理着装，理理头发，对着镜子微笑一下，让自己看起来精神焕发。

到了早餐时间，你的早饭是在家吃，还是在路边买的？有人跟你一起吃早餐吗？是谁？家人、同事、朋友？

早餐后，你准备去上班了。当你想到今天的工作时，你内心是什么感受呢？是平静、激动、厌倦，还是害怕？你是待在家里工作吗？如果不是，你工作的地方离家有多远？你乘坐哪种交通工具去上班？

现在，你正前往自己的工作单位。想象一下这个地方：它在哪里？看起来怎么样？周围环境如何？那里有些什么人？同事多不多？他们在做什么？

进入工作单位，你要开始工作了。想象一下：你的工作岗位是什么？你的工作任务是什么？是偏向脑力劳动，还是偏向体力劳动？工作环境是在室内还是室外？你可能会遇到工作上的什么问题？你是怎么解决的？是独自完成还是与他人合作？

中午休息，该吃午饭了。你去哪里吃饭？你跟谁一起吃饭？他们是些什么样的人？你们都谈论些什么？

现在回到工作中来，你继续完成这一天的任务。下午的工作与上午的有什么不同？离开单位前，你做的最后一项工作是什么？

一天的工作结束了。这一天的工作让你感觉怎么样，是满意、兴奋，还是烦躁、沮丧？为什么？

畅游到此结束。请睁开眼睛，并静静地坐一会儿。

二、描绘个人的未来工作场景图

1. 请你在白纸上简单地画出畅游情境中自己想象的职业世界以及生活图景。

2. 画好后，请你将自己的纸张传递给下一位，并根据自己的理解，为组内其他成员传递到你手上的纸张添加内容，直到纸张传递回自己的手里。

三、分享与讨论

请你比较一下添加内容前后纸张的变化，然后与你的组员一起分享你对未来职业的畅想，并就这个话题展开讨论。

1. 除了本节提到的未来社会发展趋势，你还知道社会发展有哪些新趋势吗？

2. 请与同学们分享你收集外部信息的有效渠道。

3. 参看“中国学生发展核心素养”，你认为自己具备了哪些方面的素养？未具备的素养有哪些？你打算如何培养相关素养与能力？

第二节　职业探知

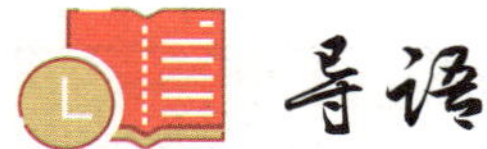

职业是生涯规划中最重要的部分，也是实现同学们生涯目标的主要载体。目前，我国的职业种类非常丰富，且各具特点。而且随着时代的发展，不断有旧的职业被淘汰，又不断有新的职业受到市场追捧。在这个瞬息万变的社会里，同学们必须正确认识各种职业类型，了解职业更迭现状，将自己的兴趣特长与职业特点联系起来，找到自己真正感兴趣且适合的职业。

本节将向同学们介绍行业和职业的基本类型和一些热门职业，指导同学们掌握职业探索的主要内容和有效途径，帮助其在丰富而奇妙的职业世界里找寻自己的理想职业。

一、了解行业与职业

“行业”一词专指经济活动部门，而“职业”则指工作者所担任的职务或所做的工作。

根据《中华人民共和国国家标准（GB/T 4754-2017）》，目前中国有20种行业门类，如表3.1所示。

表3.1 中国行业标准分类

农、林、牧、渔业	房地产业
采矿业	租赁和商务服务业
制造业	科学研究和技术服务业
电力、热力、燃气及水生产和供应业	水利、环境和公共设施管理业
建筑业	居民服务、修理和其他服务业
批发和零售业	教育
交通运输、仓储和邮政业	卫生和社会工作
住宿和餐饮业	文化、体育和娱乐业
信息传输、软件和信息技术服务业	公共管理、社会保障和社会组织
金融业	国际组织

《中华人民共和国职业分类大典》（2015）把我国职业划分为8个大类、75个中类、434个小类、1481个细类。细类为最小类别，亦即职业。其中8个大类如表3.2所示。

表3.2　中国职业分类

序号	内容
1	国家机关、党群组织、企业、事业单位负责人
2	专业技术人员
3	办事人员和有关人员
4	商业、服务业人员
5	农、林、牧、渔、水利业生产人员
6	生产、运输设备操作人员及有关人员
7	军人
8	不便分类的其他从业人员

二、职业探索的内容

职业探索是对你喜欢或要从事的职业进行理论分析和实际调研的过程。通过职业探索，学生能够对职业的工作内容、职场环境、发展前景、收入空间、晋升通道等方面进行深入了解，进一步明确自己的职业发展方向，同时认识理想与现实之间的差距，从而有效地规划职业生涯。要想达到职业探索的目的，在职业探索过程中可以考虑从以下方面去了解职业。

（一）职业描述

就是职业的概念、内涵。具体包括职业名称、各方对其的定义等。很多职业分类大典都有对职业的详细介绍。

（二）职业的核心工作内容和工作能力

核心工作内容就是这个职业必须要做的工作是什么。职业工作能力包括从事这个职业一般的、基本的，以及这个职业特定的某些特殊能力。了解职业的核心工作内容和具体工作能力，有利于同学们了解自己目前能力和职业能力要求之间的差距，将需要加强和补充的能力列入学习规划中，这对同学们现阶段的能力培养有着针对性和导向性的作用。

（三）职业的发展前景

具体包括职业在国家阶段发展中的作用，职业对社会、对生活的影响等。一般情况下，人们都愿意选择前景好的职业。同学们通常可以通过劳动部门的权威预测来了解职业在国家发展中的作用。而职业对社会和生活的影响，则需要同学们去进行调查、访问，如与这个职业的资深人士进行对话访谈等。

（四）薪资待遇及潜在上升空间

获得金钱收入是每个人参加工作最基本的目的。所以在探索职业过程中，职业的薪资待遇，特别是入职后收入的潜在上升空间，是同学们有必要了解的一项内容。同学们可以通过一些网络求职机构来调查薪资情况。

（五）入门岗位及其职业发展通道

入门岗位是指针对应届毕业生的工作。同学们要了解一个岗位对应的日后职业发展通道是什么，最高端岗位是什么，可以通过一些校园招聘网站找到相关信息。

（六）职业标杆人物

要想领略某个职业的魅力，最好的方法就是去了解该职业的标杆人物，或者说是领军人物。通过了解标杆人物的职场奋斗史，就可以加深同学们对该职业的了解，找到在这个职业领域奋斗的方向。

（七）职业的典型一天

对于职场人来说，日复一日地完成工作流程与工作任务才是最真实的职场生活。所以，同学们要了解某个职业，最典型的方式是通过人物访谈或者岗位实习的方式，去了解和体验职业生活的普通一天，看看这个职业一天的工作流程是怎样的，这个工作会对你的生活产生怎样的影响，从而进一步判断自己是否喜欢、适合这个职业。

三、职业探索的渠道

（一）观察身边的职场人士

同学们可以在日常生活中直接观察父母、亲人以及其他社会中的职场人士，了解他们每天的工作状态、内容、环境、满意度、压力等，从而获得相关的职业信息。

（二）职业人物访谈

访谈是通过和某一职业的从业人员进行面对面的交流，通过对话形式了解该职业相关情况和从业人员对该职业的理解与感悟等。为了提高访谈的效率，同学们应事先确定好访谈提纲，明确访谈的目的和意义，设计访谈的主要话题和基本流程。

访谈提纲的内容可以包括以下几个方面。

1. 访谈目的。要准备访谈哪个职业的人？要了解该职业的哪些方面？

2. 访谈对象。确定访谈对象的职位、身份等。

3. 根据自己的需求以及职业特点来设定相关问题。例如，针对人力资源管理人员可以问应聘该职业所需要的学历，对刚入职的新员工有什么具体要求，该职业需要具备的基本职业素质和能力，该职业的发展空间等。

除此之外，我们还可以邀请各行各业的代表人物到学校或班级进行职业座谈。我们直接参与座谈过程，与嘉宾进行现场沟通。这样做的好处是我们可以随时提一些开放性的、个性化的问题。

（三）职业体验

在条件允许的情况下，同学们可以到职业场所去参观、体验，也可以花一定时间去打工、兼职或实习。这种方式能够让我们获得实实在在的职业体验，近距离感受职场氛围，了解职业环境和具体工作内容等。

（四）利用各种社会资源

1. 出版物

出版物包括专门介绍行业、职业、职位的专业书籍，名人传记，文学读物，职场类报纸期刊，行业协会的报告，社会调查，研究论文等。例如，同学们可以查阅《中华人民共和国职业分类大典》这部工具书。此书是我国第一部对我国职业进行科学分类的权威文献，能够让我们对职业分类、内容等做一个全面、细致的了解。

2. 视频

各种形式和内容的视频，是同学们了解职业的有效工具。例如，《杜拉拉升职记》《欢乐颂》等反映职场生活的影视剧；中国教育电视台《职来职往》等职场真人秀节目；中央电视台的《财富故事》等纪录片。

3. 招聘网站、职业论坛等

同学们可以利用网络搜索招聘网站、职业论坛等查找相关职业信息。

4. 通过相关机构了解职业信息

现在各大高校都非常重视就业指导，都设置了就业指导中心。另外，各个省市区也设有就业指导中心，如政府的就业指导中心、地方人才交流中心等，这些都可以成为同学们探索职业的渠道。

四、未来职业发展趋势分析

随着社会的发展，我国的社会职业构成和内涵发生了很大变化。部分传统职业开始衰落甚至消失，新兴职业不断涌现并迅速发展。可以说，职业环境的变化时刻都在发生，今天是热门的职业，明天可能就被社会淘汰。这就要求学生密切关注职业环境的动态发展，及时了解未来职业的发展趋势，在确定职业方向时做出更加理性的判断。

1. 新兴职业层出不穷

近年来，新兴职业如雨后春笋般出现在人们的生活里，有理财规划师、游戏设计工程师等时下比较热门的职业，也有陪购师、酒店试睡员等让人“脑洞大开”的职业。

2019 年 4 月 1 日，人力资源和社会保障部、国家市场监督管理总局、国家统计局公布了 13 项新职业信息，包括人工智能工程技术人员、物联网工程技术人员、大数据工程技术人员、云计算工程技术人员、数字化管理师、建筑信息模型技术员、电子竞技运营师、电子竞技员、无人机驾驶员、农业经理人、物联网安装调试员、工业机器人系统操作员、工业机器人系统运维员等。

本批新职业主要集中在高新技术领域。随着信息化时代的发展，我国人工智能、物联网、大数据、云计算等技术得到了广泛运用，对从业人员的需求大幅增长。另外，科技进步也引发了传统职业变迁，工业机器人的大量使用，致使工业机器人系统操作员和系统运维员等相关职业需求剧增。这些新职业以较高的专业技术知识和能力为支撑，普遍要求从业人员具有较高学历。

2. 经济转型使新兴职业大量出现在服务业

目前，我国经济正从生产型主导向服务型主导转变。第一产业、第二产业朝着机械化、自动化、智能化的方向发展，减员增效趋势明显；第三产业服务业则呈现出增员增质的趋势。

新兴职业集中出现在服务业的原因，一方面是由于服务业与人们的生产生活联系密切，存在很多不容易被机器取代的工种和岗位。另一方面是由于人们生活水平大幅提高，其对高品质生活的需求也逐渐升级，“私人订制”“个性化服务”等创新消费模式以及不断细分的市场需求，催生出很多生机勃勃的新兴职业。

3. 择业观和就业形态发生了新变化

随着时代的进步，越来越多的年轻人把热爱与否、擅长程度等作为择业的新标准，他们更看重自身的独立，渴望做自己热爱和擅长的工作，而不再把收入作为衡量职业的唯一标准。所谓的“工作”，正从过去养活家庭的生计来源，变成年轻一代眼中自我定义、自我实现的方式。择业观的改变进一步改变了就业形态，出现了诸如自由职业者、网络写手、私人裁缝、旅游体验师等灵活、有创意的就业方式。

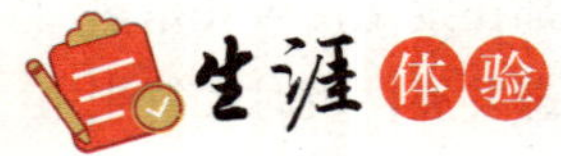

我的职业探索报告

活动一：我的职业构想卡片

1. 了解了这么多与职业相关的知识，相信你已经在头脑中开始构想自己未来的职业了。现在，请你静下心来认真想一想，你的理想职业是什么？你为什么喜欢这个职业？然后完成“我的职业构想卡片”，限时 5 分钟。

我的职业构想卡片

姓名	
理想职业	
理由	1.
	2.
	3.
	4.
	5.

2. 请与同学们分享你对理想职业的构想与感悟。

活动二：我的职业探索报告

构想出来的职业总是带有一些虚幻的色彩，如何能够让你的职业梦想切实可行，增加你实现职业梦想的概率？这就要求你对这些职业进行深入探索和全面了解。

现在，请你结合本节所学的职业探索内容和方法，对你感兴趣的职业进行一番详细调查，并完成下面这份“我的职业探索报告单”。

我的职业探索报告单

<table>
<tr><td colspan="3">姓名：__________ 理想职业：__________</td></tr>
<tr><td rowspan="6">1. 职业的基本信息</td><td>职业内容</td><td></td></tr>
<tr><td>市场需求</td><td></td></tr>
<tr><td>匹配专业</td><td></td></tr>
<tr><td>收入情况</td><td></td></tr>
<tr><td></td><td></td></tr>
<tr><td></td><td></td></tr>
<tr><td rowspan="7">2. 对从业者的要求</td><td>身体素质</td><td></td></tr>
<tr><td>心理素质</td><td></td></tr>
<tr><td>个性特征</td><td></td></tr>
<tr><td>通用能力</td><td></td></tr>
<tr><td>特殊工作能力</td><td></td></tr>
<tr><td></td><td></td></tr>
<tr><td></td><td></td></tr>
<tr><td rowspan="4">3. 从事该职业所做的准备</td><td></td><td></td></tr>
<tr><td></td><td></td></tr>
<tr><td></td><td></td></tr>
<tr><td></td><td></td></tr>
</table>

1. 你常用的职业探索渠道有哪些？对你了解各种职业有怎样的帮助？请举例说明。

2. 请与同学们分享你参加过的令人印象深刻的一次职业体验。

3. 通过职业探索与体验，你最感兴趣的职业是什么？请向同学们介绍这个职业的相关信息。

第三节　专业探知

有关部门对上海10所大学的在校大学生进行了调查，结果显示高达65.8%的学生对自己选择的专业表示后悔；另外，对1 000个工作半年到3年的大学生进行调查后，发现竟然有75%的人因为大学专业选择不好而遭遇职业发展的瓶颈。专业与职业的关联紧密，它深刻影响着我们今后的职业选择，甚至可能会伴随我们一生，成为左右我们职业发展和人生方向的关键因素之一。因此，同学们在进行学业规划和职业规划时，必须对专业进行全面了解，慎重、精心地挑选适合自己的专业。

本节将从大学专业设置、专业与职业的关系、专业选择路径等方面引导同学们正确认识专业，并就一些专业选择的常见问题提出参考建议，让同学们运用科学方法，通过理性思考来应对专业选择问题。

一、我国大学的专业设置

根据新修订的《普通高等学校本科专业目录（2012年）》，从2013年开始，高校按照学科门类、专业类和专业三个层次对专业进行划分，其中学科门类12个、专业类92个、专业506种。我们可以把12个学科门类概括为四大类，即人文科学、社会科学、理论科学、工程科学（图3.2）。

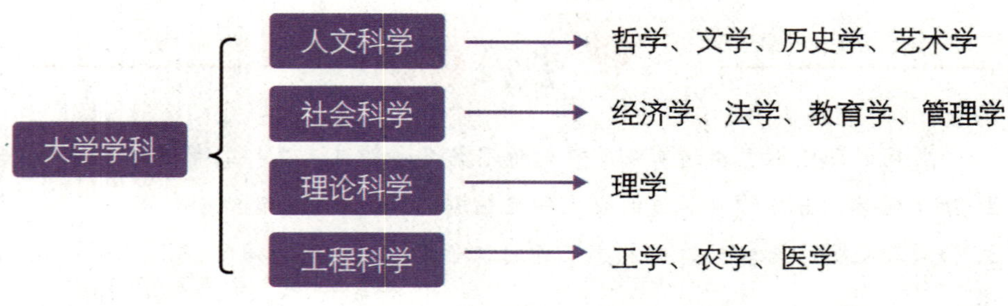

图3.2　大学学科分类图

在学科门类下设若干个一级学科，一级学科下设若干个二级学科。一般而言，在本科学科分类中，二级学科即指专业。现在以经济学为例进行说明（图 3.3）。

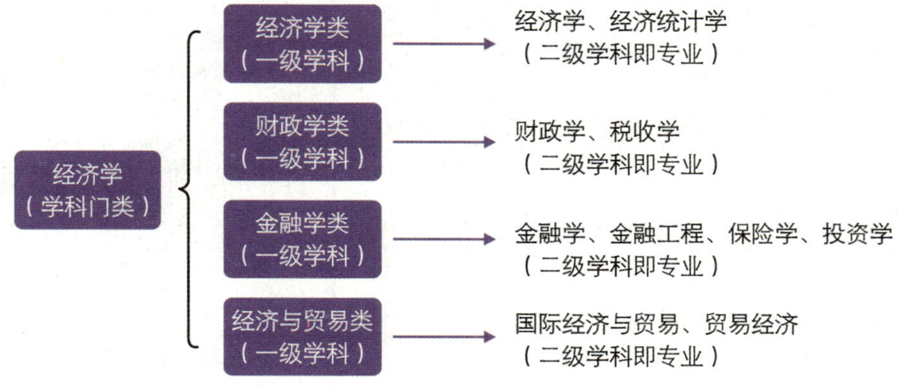

图 3.3 经济类学科门类

二、专业与职业的关系

（一）专业与职业的关系

专业是学业门类，职业是工作门类，每一个职业需要不同的专业知识、技能、身体素质和职业修养。专业与职业的关系是复杂多样的，主要包括一对一、一对多、多对一等关系。

（1）一对一的关系，即一个专业方向对应一个职业目标。这类专业一般存在于中职类学校或高职院校，培养目标单一明确。这种类型适合在学业规划前先定职业，后选专业和求学路线。这类专业和职业一般适合于专业技术人员。

（2）一对多的关系，即专业包容职业。就是人们常说的宽口径、厚基础专业，它们所对应的职业目标有多个。个人的职业发展一直在所学专业的领域内，选择的职业与学习的专业相吻合，能够做到学以致用。这种类型适合于在学业规划时先确定专业，后确定职业目标。

（3）多对一的关系，即专业为核心，职业包容专业。个人的职业发展以所学专业为核心，向外扩展。这种类型适合于在学业规划前先确定职业目标，后确定专业方向。在这种情况下，选择的职业与学习的专业虽然方向一致，但职业发展超出所学专业领域，需要根据自己的职业生涯规划，在学好专业的基础上通过选修、自学提高从事职业的素质。

（二）大学专业 18 个学群与相关职业

经研究发现，大学本科专业虽然很多，但部分专业有一些相似性，因此，专家根据它们之间的相似性把这些专业分为 18 个学群，如表 3.3 所示。

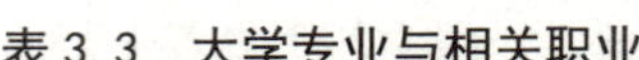

表 3.3　大学专业与相关职业

序号	学 群	包含专业	需要能力	主要职业发展
1	资讯学群	计算机科学与技术、信息与计算科学、网络工程、电子商务等	阅读能力、计算能力、科学能力、抽象推理能力	程序设计师、信息系统分析师、信息管理人员、信息产品研发人员、网络管理工程师、电子商务设计师、多媒体设计师、计算机游戏设计师等
2	工程学群	机械工程、交通工程、土木工程、核工程与核技术、工业工程、能源与动力工程、车辆工程、测控技术与仪器等	阅读能力、计算能力、科学能力、抽象推理能力、机械推理能力、操作能力	电机电子：电机工程师、光电工程师、自动化工程师、通信工程师等； 机械工程：动力工程师、汽车工程师、 造船工程师、机械设计工程师等； 土木工程：土木工程师、结构工程师、建筑师、营建管理专业人员等； 化学工程：化学工程师、环境工程师等； 材料工程：冶金工程师、材料工程师、材料分析工程师等； 科技管理：工业工程师、决策分析师、物料管理工程师、生产管理师等
3	数理化学群	数学与应用数学、化学、物理学等	阅读能力、计算能力、科学能力、抽象推理能力、机械推理能力	数学研究与教学、物理研究与教学、化学研究与教学、理化技术咨询服务、保险精算师、统计分析师等
4	医药卫生学群	临床医学、预防医学、医学影像学、药学、中医学、针灸推拿学等	阅读能力、科学能力、操作能力、助人能力	医师、药师、护理师、营养师、物理治疗师、病理药理研究人员等
5	生命科学学群	生物工程、生物科学、动物科学、生物制药、生物技术等	阅读能力、科学能力、操作能力	生物教师、生物学研究人员、动植物研究人员、生物科技人员、生态保育专业人员、病理药理研究人员等
6	建筑与设计学群	建筑学、服装设计与工程、工业设计等	阅读能力、操作能力、空间关系、抽象推理能力、艺术创作能力等	建筑师、景观设计师、室内设计师、美术设计师、商业设计师、工业设计师、多媒体设计师、服装设计师等

续表

序号	学 群	包含专业	需要能力	主要职业发展
7	生物资源学群	动物科学、动物医学、环境工程、环境科学、水产养殖学、林学、园林、园艺、食品科学与工程等	阅读能力、科学能力、操作能力	兽医师、生态保育专业人员、生物技术研发人员、农药及肥料研发、景观设计规划师、园艺企业经营、牧场经营、畜牧业技师、畜产管理、食品研发、动物园技师、环保技师、自然资源保育师、环境保育师等
8	地球与环境学群	大气科学、地理科学、地球化学、应用气象学等	阅读能力、科学能力、操作能力、空间关系	地球科学教师、天文学研究人员、气象学研究人员、地质学及地球科学研究人员、地质探测工程师、地震研究员、采矿工程师、测量师、环境工程师等
9	艺术学群	音乐学、音乐表演、绘画、雕塑、美术学、舞蹈学、戏剧学、表演等	阅读能力、操作能力、空间关系、艺术创作能力、音乐能力	美术教师、音乐教师、舞蹈教师、舞蹈家、画家、音乐家、作家、剧作家、导演、灯光师、舞台设计师等
10	社会与心理学群	心理学、应用心理学、社会学、公共事业管理	阅读能力、语文运用能力、助人能力、亲和力	临床心理师、心理辅导教师、社会工作人员、社会学研究人员、心理学研究人员、社会服务经理人员、人力资源师等
11	大众传播学群	新闻学、广播电视编导、广播电视学、编辑出版学、广告学、传播学	阅读能力、语文运用能力、文艺创作能力、艺术创作能力、操作能力	新闻记者、广告企划、广播或电视专业人员、编辑、表演工作者、摄影师、导演、广告或公关人员、图像处理师、数字内容创作人员、动画设计人员等
12	外语学群	英语、法语、西班牙语、日语等	阅读能力、语文运用能力、文艺创作能力、文书速度与准确度	外语教师、编译人员、语言学研究人员、外贸拓展人员、外交人员、旅游行业人员等
13	文史哲学 群	汉语言、汉语言文学、历史学、哲学等	阅读能力、语文运用能力、文艺创作能力、文书速度与准确度	文史教师、文字编辑、作家或评论家、文物管理员、哲学历史研究人员、语言学研究人员等
14	教育学群	教育学、学前教育、特殊教育、思想政治教育等	阅读能力、语文运用能力、助人能力、亲和力	中学教师、学前教育教师、教育机构专业人员、校长及学校主管人员、教育研究人员等

续表

序号	学 群	包含专业	需要能力	主要职业发展
15	法政学群	法学、犯罪学、治安学、知识产权、侦查学、政治学与行政学等	阅读能力、语文运用能力、组织能力、领导能力	律师、法官、检察官、书记官、法律专业人员、政府行政人员、安全人员等
16	管理学群	管理科学、工商管理、人力资源管理、行政管理等	阅读能力、语文运用能力、亲和力、组织能力、领导能力、销售能力	行政或财务经理人员、证券或财务经纪人、人事或产业经理人员、市场销售经理人员、市场分析人员、工商服务业经理人员等
17	财经学群	保险学、财务管理、财政学、国际经济与贸易、国际商务、金融学、经济学、会计学、市场营销、税收学、投资学等	计算能力、文书速度与准确度、阅读能力、组织能力、销售能力	会计师、税务专业人员、金融专业人员、财务经理人员、证券或财务经纪人、保险专业人员等
18	游憩与运动学群	旅游管理、体育教育、运动训练、社会体育等	沟通能力、亲和力、销售能力、操作能力、艺术创作能力、空间关系	旅馆餐饮管理人员、休闲游憩管理人员、运动员、体育教练、体育教师、体育休闲事业经理、运动器材经营者等

三、专业选择路径

专业选择是我们人生中一个很重要的决定，它不仅关系到我们高考选科，也影响着我们在大学学习专业的状态和效果，更与我们今后的职业生涯联系紧密。因此，我们在选择专业时，要遵循科学的流程，谨慎思考，做出适合自己的选择。

一般来说，同学们可以从希望从事的职业、优势、能力、兴趣爱好与专业门槛等角度进行选择。比如你喜欢理论研究，而且抽象思维能力较强，那么你比较适合选择基础学科类专业。根据专业与某一职业关系的紧密度，同学们可以把专业分为硬门槛专业与软门槛专业。如医学专业就属于典型的硬门槛专业，如果你想当医生，没有临床医学专业的学历或资源几乎是不可能的。

其次，同学们要了解自己的兴趣和能力。如何判断自己的兴趣领域呢？方法一：首先，列出你最喜欢的三个专业，如果用三个圆形来代表这三个专业的话，它们的交集就是你要关注的职业领域；其次，在三个兴趣领域中分别找到相关的专家询问具体的职业信息，了解这个职业所面临的压力和挑战，了解这个职业所需要的人际关系资源，了解你的实力与职业要求的差距等来判断这个工作是否是你能从事的。方法二：通过霍兰德职业兴趣测试获得信息，以此作为职业选择的参考。

此外，同学们还可以从自己的性格特点去考虑，寻找适合自己个性特质的职业。例如，有的职业要求创新且变化快（如记者、演员、作家）；有的职业要求细心且稳定，工作流程经常反复和重复（如会计、编辑、化验员）；有的职业要求独立、严谨（如医生、教师、外交家、管理人员），等等。

专业选择路径如图 3.4 所示。

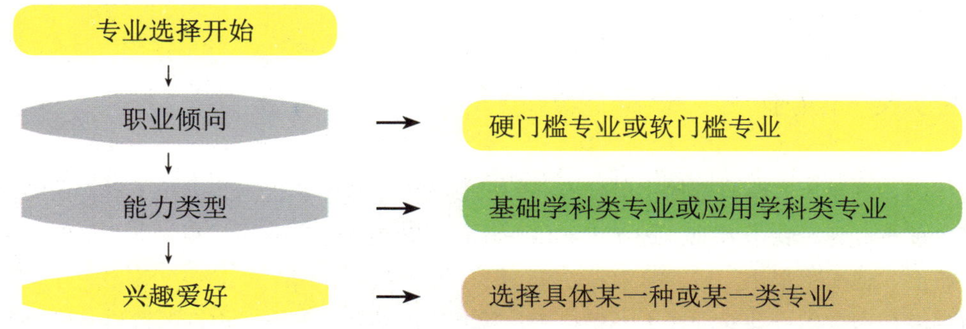

图 3.4　专业选择路径

四、浅谈专业选择的常见问题

（一）热门专业与冷门专业

经常有学生问老师：什么专业最“热门”？其实，不能简单认定一个专业是热门还是冷门，判断专业是否“热门”有不同角度。

从兴趣的角度来看，一个学生喜欢某专业，不管周围环境怎么变，该专业对他来说都是“热门”的。从实力的角度来看，某一类专业可能在全国范围内的需求不是很旺，但它是该学校的特色专业，办学实力雄厚，就业情况也不错，那该专业就可以成为同学们的备选项。

另外，“热门”专业不会永远热门，今天的“热门”，也许以后就变成“冷门”。因此，同学们要理性分析，理性选择，不要盲目追求所谓的“热门”专业。不管选择哪一个专业，同学们都要从自身的兴趣和能力出发，并通过专业学习提升个人能力与素养，形成自己的核心竞争力，这才是未来就业的最大保障。

（二）易误解、易混淆的专业名称

很多学生对专业名称总是想当然地望“名”生义，从而造成了对专业的误解。比如，现实中存在着“建筑搬砖、地质钻山、电力爬杆”等对专业的误读。建议同学们详细阅读相关资料，遇到不懂的地方虚心求教，力争全面客观地了解各类专业，不要一知半解，更不要误解误读专业，以免错过了适合自己的专业。

此外，很多学生还因为混淆了专业名称而报错专业。所以在报考时，同学们一定要去学校官网了解清楚专业的核心课程是什么。有一些专业虽然名字不同，但培养的大体方向和就业方向都趋于一致，这时，同学们可以采用合并同类项的方法来认识专业。如一些专业去掉修饰词后，可以发现大致都是同一类的专业。如计算机科学、软件工程和计算机软件是同类专业；行政管理、工商管理和商业经济是同类专业；公共政策学、城市管理、公共事业管理是同类专业。

（三）关于转专业

近年来，几乎所有院校都提供了转专业的机会，学生和家长也因此放松了对专业的慎重选择，认为就算高考选错了专业，进入大学以后还可以转到其他专业去。实际上，虽然大学有转专业的机会，但概率很小。

有的院校规定转专业必须在大一结束后，凭考试成绩获得转专业申请的资格，学生的年级考试成绩排名一般要求在专业前 5% ～ 10%。但大部分进校后需要转专业的学生，分数都不是很高，他们要在一年内达到院校规定的转专业条件，显然不是一件容易的事情。

另外，有的院校要求学生转专业时，要得到转出和转入的两个院系的同意。转入院系除了考查学生成绩，还要考虑该学生大一课程跟该院系课程的关联程度，如果专业跨度大，转系学生很可能跟不上学习进度。所以通常课程安排相近的院系的学生更容易转专业成功。

由此可见，大学转专业的成功概率并不高。如果抱着“现在选错了专业，以后再转专业”的心态来进行专业选择和志愿填报，那你很可能会错失自己真正感兴趣的专业。因此，同学们在高中应认真考虑自己的专业选择，或者事先从学长、学姐那里了解一下目标院校关于转专业的具体情况，再做最终的志愿选择。

专业探索活动

根据本节的学习内容，你应该找到了一些自己比较感兴趣的专业。现在，请对你感兴趣的专业进行深入调查，以便进一步明确自己的专业选择。

一、开展专业探索活动

建议你找几名喜欢相同专业的同学组成专业探索小组，开展专业探索活动，如进行访谈、查阅网络资料等。请参考下面列举的专业探索核心任务表，进行有针对性的专业探索。

专业探索的核心任务表

1. 专业名称是什么？

2. 这个专业学习哪些课程？属于什么领域？有哪些分支？是否有相同或相近的研究生专业？

3. 有哪些高校开设了这个专业？包括高校和院系名称及排名，各高校、院系的优势与劣势、各高校的专业名师和专业成果等。

4. 和这个专业相关的专业有哪些？具体研究内容是什么？

5. 这个专业的发展前景怎么样？对社会和生活有什么价值？

6. 这个专业毕业后的就业情况如何？包括就业率、薪资待遇、晋升空间等。

7. 学习这个专业的代表人物都有谁？包括他们在专业学习和发展中的故事，取得的成就及成功的经验等。

8. 在这个专业领域的权威机构、知名企业有哪些？进一步了解其企业特色、企业文化、工作环境、发展前景等。

9. 这个专业对个人能力和素质有怎样的要求？

10. 如何才能学好这个专业？包括学习内容、学习方法、学习资源的利用等。

二、撰写专业调查报告

请你将自己了解到的相关信息进行系统整理和分析，并撰写个人专业调查报告，以便进一步确定自己的专业选择意向。

1. 请你利用专业选择路径的思路，初步选出自己感兴趣的专业。
2. 你在进行专业选择时遇到了哪些问题？你是如何解决的？

第四节　大学探知

对学生来说，进入理想大学学习是其人生的一个重要转折点，也是其走向职业目标的第一步。那么，同学们有没有想过，你理想中的大学究竟是什么样的？你希望在大学期间收获些什么？为了能够进入一所适合自己的大学，收获更多对个人生涯发展有益的成果，同学们有必要花点儿时间来了解大学。

本节将对大学的基本情况，包括大学的类型、升学途径、大学探索的内容与方法等进行详细介绍，帮助同学们在众多高校中寻获属于自己的那一座“象牙塔”。

一、了解大学

（一）大学的类型

截至 2017 年 5 月 31 日，我国高等学校共 2 914 所，其中含 2 631 所普通高等学校（包括 135 所重点大学和 265 所独立学院），成人高等学校 286 所。

按办学主体分类，可将现有大学分为公立、民办、公有民办三类。

公立大学，就是教育部、中央部委或地方政府举办的高校，如浙江大学、复旦大学等。

民办大学是企事业单位、社会团体及其他社会组织或公民个人举办的高校，如宁波诺丁汉大学、浙江树人大学、北京吉利大学等。

公有民办大学就是独立学院，是由普通本科高校举办的本科层次的二级学院，如浙江大学城市学院、浙江大学宁波理工学院、浙江工业大学之江学院、杭州师范大学行知学院等。

按教育部对学科门类的划分和大学各学科门类的比例，可将现有大学分为综合类、文学类、理学类、工学类、农学类、医学类、法学类、管理类、体育类、艺术类等。

按科研规模的大小，可将现有大学分为研究型、研究教学型、教学研究型、教学型等类型。

（二）国内重点大学介绍

1. “双一流”大学

“双一流”指的是世界一流大学和一流学科。建设世界一流大学和一流学科，是中国共产党中央委员会、中华人民共和国国务院做出的重大战略决策，亦是中国高等教育领域继“211 工程”“985 工程”之后的又一国家战略。专家认为，启动实施的“统筹推进两个一流”战略，是中国大学冲刺国际前列、打造顶尖学府的“冲锋号”。

2017 年 1 月 24 日，经国务院同意，教育部、财政部、国家发展和改革委员会印发了《统筹推进世界一流大学和一流学科建设实施办法（暂行）》。2017 年 9 月 20 日，教育部、财政部、国家发展改革委联合发布《关于公布世界一流大学和一流学科建设高校及建设学科名单的通知》，正式确认公布世界一流大学和一流学科建设高校及建设学科名单，首批双一流建设高校共计 137 所，其中世界一流大学建设高校 42 所（A 类 36 所，B 类 6 所，如表 3.4 所示），世界一流学科建设高校 95 所；双一流建设学科共计 465 个（其中自定学科 44 个）。

表 3.4　一流大学建设高校 42 所

A 类 36 所			
北京大学	中国人民大学	清华大学	北京航空航天大学
北京理工大学	中国农业大学	北京师范大学	中央民族大学
南开大学	天津大学	大连理工大学	吉林大学
哈尔滨工业大学	复旦大学	同济大学	上海交通大学
华东师范大学	南京大学	东南大学	浙江大学
中国科学技术大学	厦门大学	山东大学	中国海洋大学
武汉大学	华中科技大学	中南大学	中山大学
华南理工大学	四川大学	重庆大学	电子科技大学
西安交通大学	西北工业大学	兰州大学	国防科技大学
B 类 6 所			
东北大学	郑州大学	湖南大学	云南大学
西北农林科技大学	新疆大学		

2. “211 工程”大学和“985 工程”大学

“211 工程”就是面向 21 世纪，重点建设 100 所左右的高等学校和一批重点学科，是我国为落实科教兴国战略而实施的一项跨世纪的战略工程，也是新中国成立以来在高等教育领域进行的规模最大的重点建设项目。清华大学、北京大学、复旦大学、浙江大学等都属于“211 工程”院校。

在“211 工程”院校建设的基础上，1998 年 5 月，江泽民同志在北京大学百年校庆大会上提出，为了实现现代化，我国要有若干所具有世界先进水平的一流大学。教育部自 1999 年起分别与部分省、市地方政府签订合作协议分批将 39 所国内知名高校列入国家跨世纪重点建设的高水平大学名单，即“985 工程”。北京师范大学、中国人民大学、武汉大学、厦门大学等都属于“985 工程”院校。

二、升学途径

（一）国内高校招生途径

随着高等教育招生改革的持续推进，我国高校招生途径不再是单一的统一高考录取，而是向多元录取模式转变。目前，我国的高校招生途径主要有以下几种。

1. 普通类招生

这种招生就是传统意义上的高考，根据新高考改革政策，考生总成绩由统一高考的语文、数学、外语 3 门科目成绩和高中学业水平考试 3 门科目的成绩组成。大多数学生是通过这种招生方式进入高校学习的。

2. 艺术、体育类招生

这种招生途径选拔的是艺术、体育人才，除了统一的文化课考试，考生还需要参加艺术或体育专业考试，不同的艺术类别专业考试内容不同。高校录取时的依据为文化课考试成绩和专业课考试成绩。在艺术、体育方面有特长，或将来有意向学习相关专业、从事相关工作的同学，应尽早做好学业规划，为考试做好准备。

3. 高校自主招生

自主招生是高校选拔录取工作改革的重要环节，其目的是招收有学科发展潜质的创新型人才。有自主招生资质的大学一般是教育部直属大学，办学水平较高、办学条件较好。

通过大学自主招生考试的学生，在高考时可以享受相应的高考降分政策。但学生的高考成绩仍然是高校录取的重要依据之一。

如果有意向参加自主招生考试，同学们应尽早规划。参加学科竞赛和创新活动、进行发明创造并申请专利、撰写及发表论文等，这些都是同学们获得高校青睐的重要砝码。

4. 高校的艺术、体育特长生招生

一些大学有自己的艺术团体和体育运动队，为了保证这些艺术团体和运动队人才的连续性，经国家批准这些大学每年招收一定数量的艺术、体育特长生。获得大学艺术、体育特长生资格的考生，依然要参加高考，但招生学校会给予一定的政策优惠。这对于在艺术、体育方面有特长的学生来说，同样也是一种不错的升学选择。

5. 港澳地区学校招生

香港地区的少数大学纳入了国家招生计划，依据高考成绩招生。不过，大多数香港地区和澳门地区的大学在内地的招生没有纳入国家招生计划之内。如果有意向去这些地区的大学读书，考生需要自己向学校申报。当然，高考成绩依然是这些大学录取的重要参照条件之一。

（二）出国留学

出国留学是高中生升学的又一途径。想要出国留学，同学们首先要确定自己的留学目标，并根据家庭经济条件、个人学习情况等进行合理规划，避免因为仓促出国而出现“垃圾留学”的情况。在进行留学规划时，还要认真考虑今后的职业方向，是在国内发展，还是在国外工作？因为这会影响同学们对学校和专业的选择。同学们如果打算回国，那就要按照国内的就业环境来选择相应的专业；如果想留在国外，那就要根据目标国家的移民政策、就业环境来选专业。下面介绍几个热门留学国家的留学环境和考试要求，供大家参考。

1. 美国留学

美国是世界上教育质量最高的国家之一。与其他国家的本科教育相比，美国的本科教育具有开放的教育体系、自由的教学理念和灵活的教学、考评方式等特点。美国课堂更重视教授对学生的“启发式”教育。

要想去美国留学，需要准备高中成绩单、托福考试、SAT 考试、简历表、个人陈述、推荐信等，其中托福和 SAT 成绩是申请学校的基本条件。

2. 英国留学

英国是欧洲最大的留学生流入国，留学规模仅次于美国。其教育实行的是一套独特的质量保证体系，从提供给学生的服务与帮助，到开设的课程，再到教师队伍的素质，每所学校都得接受政府严格的监督与检查。另外，英国实行本科三年制和授课硕士一年制的浓缩学制，为留学生节省了时间和费用。它对专才的重视和培养，比较适合有专业特长的学生。英国留学的申请材料与美国有些差异，语言考试以雅思为主，而学术能力测试则以该国特有的“A-level”课程为标准。

3. 日本留学

日本的高等教育体系主要分为学校教育、教学实践和学生就业三大环节。它非常注重开发学生能力，使教育与实践、社会经济相结合。日本的大学主要以学术为中心，其目标是发现并

开发新的理论和技术，希望其研究成果对社会发展有所贡献。

对于申请日本留学的高中生来说，日语是关键，最低的语言要求是二级。由于日本招生体制方面的限制，多数日本的大学要求留学生申请时要提供日本留学考试（EJU）和大学独立考试的成绩。

三、大学探索的内容和途径

（一）大学探索的内容

一方面，了解大学的总体情况，包括学校类型、学校归属（教育部直属、中央部委所属、省市所属）、录取分数（近三年生源录取分数与本省一、二本线的差值）、学校环境、历史沿革、招生政策、各级重点建设学科、发展机会、国际交流项目、校友资源等。

另一方面，了解自己在该校中打算报考的专业情况，包括该专业在本校中的地位、专业发展方向、专业课程设置、学科水平（是否为国家重点学科等）、研究机构水平（是否有国家重点实验室等）、师资水平（两院院士、长江学者等数量）、专业限制条件（如单科成绩、身体条件）、专业毕业去向等。

（二）大学探索的途径

探索大学信息的途径很多，以下介绍几种常用的有效方法，供同学们参考。

1. 利用网络媒体、出版物等收集大学信息

同学们可以利用网络媒体收集大学信息。这里向同学们推荐阳光高考网、各省市考试院官网、目标学校官网等。另外，同学们可以阅读一些介绍大学信息的出版物，如目标院校招生办的《招生简章》，还可以参加高校招生办的招生咨询讲座。

2. 实地考察

如果条件允许，同学们可以利用校园开放日或者假期去实地考察自己所喜欢的大学，这是了解该大学的好方法。你可以在校园里散步，欣赏一下校园环境；可以去图书馆坐坐，感受一下学习氛围；还可以去食堂吃饭，体验一下大学的伙食。这些都会向你展示大学生活真实的一面。

3. 访谈学长或学姐

谁对大学有最真实、直观的认知？那要数在校大学生或毕业生了。同学们可以多和目标院校的学长、学姐交流，透过他们的亲身经历获取对目标院校的详细信息。

四、选择大学的常见问题

（一）选大学还是选专业

在填报高考志愿时，很多学生会纠结一个问题：选大学还是选专业？建议同学们可以遵循以下思路：

如果我们有明确的发展目标和专业志向，可以考虑优先选择专业，查看开设目标专业或相关专业的高校排序，首选目标专业办学水平高的大学。

如果我们对自己的未来发展还没有明确的定位，则首选自己向往的高校或者实力雄厚的高校，查看该校开设的且自己比较感兴趣的专业。

（二）凭借口碑和排行榜选择大学

很多学生和家长在选择大学时，首先看大学的口碑、名气，甚至排行榜。这是一种普遍的现象，毕竟在对一所学校了解不多的情况下，口碑和名声是说明该校办学水平的一种最有力的方式，而所谓的排行榜更能让人一目了然地了解不同高校的实力。

实际上，根据口碑选择大学只适用于少数情况。毕竟除了清华大学、北京大学等极少数公认的顶级大学，绝大部分学校并不具备超凡脱俗的实力。所谓的口碑实际上是来自部分人群对自己比较熟悉的大学产生的一些或好或坏的印象，他们难以对不同大学进行客观比较。这种情况下形成的意见具有很强的片面性和主观性。即便是高等教育领域的工作者，也会受限于个人经历和视野，难以对大学的情况做出全面判断。因此，依靠口碑推荐的方式来选择大学，具有很强的不确定性，风险较高。

而同学们在参考高校排行榜选大学时也应谨慎。因为目前网上流传的高校排行榜五花八门，而真正权威的、有参考价值的排行榜却不多。因此，同学们在查阅高校排行榜时要选择一些比较著名的、被普遍认可的排行榜，如国内的“世界大学的学术排名（ARWU）”，国外的“QS世界大学排名”、《美国新闻与世界报道》(U.S.News & World Report)世界大学排名、《泰晤士报高等教育增刊》（The Times Higher）世界大学排名等。

（三）望文生义看大学

有些学生和家长看到大学的校名会习惯性地望文生义，做出想当然的解读，并简单粗暴地对其下判断。事实上，如果同学们进一步了解学校的具体情况，便会发现这所学校在某些专业方面特色鲜明，优势突出。比如长安大学，乍看之下这所大学名字普通，似乎没有特色也不出名。深究之后，同学们便会发现，长安大学的公路、交通、汽车、机械、地质、资源、土木、建工等专业都是老牌优势专业，公路、交通专业更是享誉亚洲，对相关专业感兴趣的学生完全可以把长安大学列入目标院校。所以，同学们在浏览大学信息时，应把关注点更多地放在学校的学科特色、行业背景、地域优势等细节上，而不是简单地望文生义。

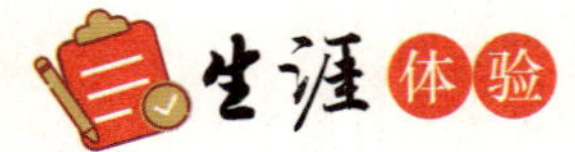

我心目中的理想大学

通过本节的学习，相信你对大学探索的内容和途径有了一定的了解。接下来，就让我们来实践一下，一起找寻你心目中的理想大学。

一、完成“大学信息调查表”

1. 请根据你的调查结果，填写下面的“大学信息调查表”。

大学信息调查表

学校名称	
国内排名	
所在城市位置	
招生分数线	
办学特色	
校园文化	
就业情况	
学生评价	

2. 总结上表，思考一下现在你想报考哪几所学校。（依照喜欢的程度排序）

____

____

二、选择我的理想大学

经过初步筛选，你也许已经锁定了一些自己比较感兴趣的大学。现在，请结合你的兴趣、性格等，对大学做进一步的筛选，以找到你的理想大学。

- 我的兴趣：________________________
- 我的性格：________________________
- 家人对我的期望：________________________
- 我想就读的专业：________________________

我想就读的大学一：________________

理由：1. ________________

2. ________________

3. ________________

4. ________________

……

我想就读的大学二：________________

理由：1. ________________

2. ________________

3. ________________

4. ________________

……

三、分享与讨论

1. 请你和同学们分享自己最喜欢的大学，并说明原因。

2. 让你的同学根据他们对你的了解，说说你是否适合这些大学，并把他们的意见和建议记录下来。

____

____

3. 听完同学们的意见和建议后，你有什么感悟？在大学选择上有什么新的决定？

____

____

1. 在查阅大学相关信息时，你通常最关注大学哪些方面的情况？
2. 大学 PK 专业，你会怎么选？说说你的理由。
3. 你了解到的大学生活是什么样的？请和同学们分享一下。

第五节　生涯探索活动

导语

通过前面章节的学习，同学们对影响自己的外部环境有了一些初步的认识，更清晰地意识到在个人生涯发展中，家庭、社会、大学等环境因素也是至关重要的。接下来，请同学们一起对自己所处的生涯环境进行一番综合探索，找出生涯环境中与自己的生涯发展息息相关的有利因素，为自己制订生涯规划提供重要依据。

一、案例分享

1. 下面是某同学的《个人生涯环境评估报告》，请认真阅读，并思考一份完整的《个人生涯环境评估报告》应包含怎样的结构与内容。

个人生涯环境评估报告

（1）家庭环境分析

我的父母没有固定工作，家庭经济收入不稳定，仅能维持正常的生活。父母的受教育程度偏低，家庭文化氛围不浓厚，但姐姐通过自身努力，从医科大学硕士毕业后在一家三甲医院工作。家庭整体情况勉强能支持我完成大学学业，但我的大学学费仍然需要贷款。

（2）学校环境分析

我现在就读的县城一中，是全县教学质量最好的高中，每年升入重点大学的有五六百人。我如果能继续保持现在的成绩水平，有希望考入自己中意的医科大学。

（3）社会发展环境分析

我国人才竞争日趋激烈，就业形势不容乐观。大学生供过于求，失业率居高不下，甚至有些地域或行业还存在性别歧视。我只有在以后的学习中提高自己的专业能力，才能在千万应聘者中脱颖而出。

（4）行业竞争分析

在我国，预防医学为新兴专业，这方面的人才需求量很大，就业前景不错。但作为新兴专业，预防医学目前还处于发展期，知识技能体系不够完善、不够壮大。尽管就业范围比较广，但待遇不高，且国内缺乏此类高端技术人才。经历非典、禽流感等传染病侵袭后，国家越来越重视疾病预防工作，全国各地都在逐步规划、设立疾病预防控制中心。我希望将来从事相关工作。

（5）重要他人（对自己生涯发展和职业选择影响较大的人）分析

家中多位亲戚在医疗系统工作，其中姐姐从求学到工作一直兢兢业业。从他们身上，我了解到医生是一份救死扶伤的光荣职业，我的家人和朋友们也希望我以后从事医疗相关行业。受他们影响，高中毕业后，我想报考医学院校，将来做一名医生。

2. 通过阅读这位同学的《个人生涯环境评估报告》，试分析该同学在家庭环境、学校环境、社会发展环境、行业竞争和重要他人中，获得了哪些有利于其职业理想实现的因素。

二、完成《高中生生涯环境评估报告》

请你根据自己学到的生涯环境探索方法，参考上述同学的《个人生涯环境评估报告》，从家庭、学校、社会发展、大学、专业、重要他人等方面分析自身所处生涯环境的基本情况，并完成一份个人的《高中生生涯环境评估报告》。

高中生生涯环境评估报告

一、个人基本信息

姓名：____________　性别：_________　年龄：________　年级：______________

二、个人基本现状

（一）我的性格

____

（二）我的兴趣

____

（三）我的能力

1. 优势：____

2. 劣势：____

（四）我的学习现状

1. 优势学科：____

2. 薄弱学科：____

（五）我的价值观

____

（六）理想职业

____

三、生涯环境分析

我采用了与家人交流、日常观察、查阅资料等方式，了解并找到了家庭环境和社会环境中影响个人成长的有利因素与不利因素，并对职业环境、各类大学与专业进行了认真分析，从而进一步明确了自己的职业兴趣和升学目标。

（一）家庭环境分析

1. 有利因素：________________________________

2. 不利因素：________________________________

（二）社会发展环境分析

1. 有利因素：________________________________

2. 不利因素：________________________________

（三）职业分析

____

（四）大学分析

____

（五）专业分析

____

（六）重要他人（对自己生涯发展和职业选择影响较大的人）分析

____

____

四、实施计划

在清晰认识自己的成长现状，客观分析生涯环境的基础上，我明确了高中三年每一年的规划目标，并制订了详细的行动计划，积极利用有利的环境资源，规避不利的环境资源，从而确保我的学年规划能够顺利实现。

学年规划	规划目标	规划内容 （盘活有利环境资源，规避不利环境资源）
高一		
高二		
高三		

第四单元

探索生涯决策

生涯决策是生涯规划的核心内容，不同的选择会让我们走向不同的未来，只有做出正确的选择，才能保证我们的人生朝着预期的方向发展。

第一节　生涯决策概述

导语

作为生涯规划的最终受益者和责任人，我们有权利也有义务选择自己的人生。因此，我们必须学会自主选择自己的生涯发展道路，对自己的人生负责。我们必须掌握科学的生涯决策方法，做出正确的选择与决策。

本节将带领同学们正确认识生涯决策的内涵、意义和原则，在探索与实践中初步掌握生涯决策的基本方法。

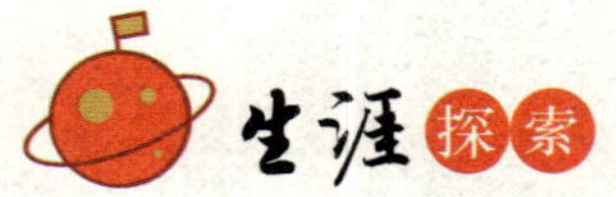

一、认识生涯决策

（一）生涯决策的内涵

有这样一个故事：有三个人要被关进监狱三年，监狱长说可以满足他们每人一个要求。美国人爱抽雪茄，要了三箱雪茄；法国人爱浪漫，要了一个美丽的女子相伴；而犹太人则要了一部能与外界沟通的电话。

三年后，第一个冲出来的是美国人，他的嘴里、鼻孔里塞满了雪茄，大喊道：“给我火，给我火！”原来他忘了要火。

接着出来的是法国人，只见他手里抱着一个小孩子，身边的女子手里牵着一个小孩子，肚子里还怀着一个。

最后出来的是犹太人，他紧紧握住监狱长的手说：“这三年来我每天与外界联系，生意不但没有停滞，反而增长了200%。为了表示感谢，我送你一辆劳斯莱斯！”

这个故事告诉我们，不同的选择决定了不同的人生。在人生旅途中，我们将面临无数的选择与决策，特别是面临某些人生重大转折点（如高考、找工作）时，我们需要做出科学的生涯决策。那么，究竟什么是生涯决策？

生涯决策指的是决策者依据自身的特性，并参照外在环境的现状与发展趋势，通过合乎逻辑的分析，最终确定自己未来的教育或职业领域。

在生涯规划中，决策就是生涯选择。有什么样的选择，就会有什么样的人生。而高中生涯规划不是简单地选一所大学、找一种职业，更多的是要增强我们的自主决策意识，提高我们的决策能力，学会选择与负责，让自己心中始终有职业方向和人生理想。

（二）生涯决策的意义

1. 科学的生涯决策，有利于个人选择适合自己的发展道路

清华大学教育研究所樊富珉教授表示，她在大学教学中发现，很多考上清华的新生只知道上清华是一件很荣耀的事，而对为什么上清华、上清华的什么专业都缺乏理性的认识，这种职业规划的教育本应该在高中阶段就完成。

如果我们能够在中学阶段甚至更早就具备生涯规划意识，并且能够进行科学的生涯决策，那么我们就能选择适合自己的发展道路，避免或者少走弯路。

2. 科学的生涯决策，有利于调动个人的主观能动性

如果一个人对一件事情充满了兴趣，那么他就会有不竭的动力。正如居里夫人所说，她一直沉醉于世界的优美之中。她认为科学本身就是伟大的美。这种魅力，就是她能够终生在实验室里埋头工作的主要原因。正是因为兴趣，原本看起来枯燥单调的科学实验与研究工作在居里夫人眼里如童话故事般有趣。

通过科学的决策，选择自己感兴趣的学科或者专业，不仅会提高自己的主观能动性，而且还会让学习变得事半功倍。

3. 科学的生涯决策，有利于个人充分发挥自己的潜能

心理学家霍华德•加德纳的多元智能理论将人类的智能分为语言、逻辑、空间、肢体动作、音乐、人际、自我认知等八大智能，并强调每个人都有自己的优势、潜能，充分发挥自身的优势潜能，将会使我们在生涯发展中游刃有余。因此，在生涯决策时，我们的选择应该建立在充分了解自己智能结构的基础上，只有这样，才有利于个人充分发挥自己的潜能。

二、生涯决策原则

著名企业生涯规划专家程社明提出选择生涯路线应当把握以下四条原则。

1. 择己所爱： 对生涯方向和目标的选择，首先要遵从个人的价值和兴趣，这样才能从职业中体会人生的价值和意义，得到生活的乐趣。

2. 择己所能： 生涯决策还要考虑自身的能力，任何职业都要求从业者掌握一定的技能，具备一定的能力，因此在选择未来的职业时，要选择能为自己的能力和潜能把控的，并具有一定挑战性的职业。

3. **择世所需**：生涯决策必须遵循社会的发展规律，我们要分析社会的需求，适应社会人才结构的需求，否则，很可能走到职业的死角，没有退路。

4. **择己所利**：决策也是利益选择的过程，在个人利益和集体利益不冲突的前提下，在合理范围内两弊相衡取其轻、两利相权取其重，追求利益（包括物质和精神利益）最大化。

三、生涯决策流程

科学的生涯决策，需要我们一步步厘清思路，理性分析，并最终做出选择。整个生涯决策可分成以下几个步骤。

1. 明确具体的问题。
2. 认清自己的价值。
3. 搜集有关资料或向他人咨询。
4. 权衡各个方案的利弊，包括可能存在的助力和阻力。
5. 依照前面的分析结果，选择适宜的方案。
6. 做决定，并拟订行动计划。
7. 将计划付诸实施。
8. 评估计划的实施结果，必要时做适当修改。

四、生涯决策方法

（一）决策平衡单法

决策平衡单法，经常被用于问题解决模式和职业咨询，用来协助咨询者系统地分析每一个选项的利弊得失，然后按照利弊得失上的加权积分排列出各个选项的优先顺序，以获得最优或偏好的选项。在生涯决策中，我们也经常用到此法。

1. 决策平衡单在决策中的应用

决策平衡单的四个主题：

（1）自我物质得失（+/−）

（2）他人物质得失（+/−）

（3）自我精神得失（+/−）

（4）他人精神得失（+/−）

2. 决策平衡单的应用步骤

（1）明确选项。

（2）细化四个主题的具体指标。

（3）给每个指标标注权重（1 ～ 5）。

（4）对照具体指标，填写每一项的具体分数（-5 ～ +5）。

（5）计算系数，并且分别计算出总分。

（6）做出分析与思考。

以下是某同学在高考填报志愿时，试图通过平衡单法从三所大学中选择一所作为第一志愿。

表 4.1　高考填报志愿平衡单　（单位：分）

考虑因素 ＼ 选项		天津理工大学	河南工业大学	西安工业大学
地域因素	离家近	5	-2	1
	开阔视野	3	0	0
	便于社会实践	5	3	3
学校办学水平	学校硕士点	3	5	3
	学校历史	2	5	4
	学校特色	2	5	3
学校的专业设置	专业适合我	5	4	3
	专业知名度	2	5	2
	可选专业多少	5	5	3
分数合计		32	30	22

（二）SWOT 分析法

近年来，SWOT 分析法常常被用于生涯决策，用以检查个体的能力、兴趣等，分析个体的优缺点，评估个体所感兴趣的不同职业道路的机会与风险。

运用 SWOT 分析法进行选择分析，就是把与你密切相关的各种主要内部优势因素、劣势因素、机会因素和威胁因素，通过调查分析罗列出来，并依照一定次序排列，然后运用系统分析的方法，把各种因素相互匹配起来加以分析，从中得出一系列相应的结论，如表 4.2 所示。

表 4.2　SWOT 分析法模型

内部环境因素	外部环境因素
优势因素（S） 分析自己内在资源的优势，如学习兴趣、能力特长等	**机会因素（O）** 分析自己面临的外部环境的有利因素，如师资、家庭支持、学习条件、招生录取等
劣势因素（W） 分析自己内在资源的劣势，如学习兴趣、能力特长等	**威胁因素（T）** 分析自己面临的外环境的不利因素，如师资、家庭支持、学习条件、招生录取等

举例：女生姜某，文化课一般，担心自己考不上理想大学，所以想做两手准备去学美术，将来可以考美术学院。到底要不要学美术，她通过 SWOT 分析法做出决策，如表 4.3 所示：

表 4.3　SWOT 分析法示例表

内在环境因素 / 外部环境因素		优势因素（S） 自己对美术有兴趣； 有一些美术基础；等等	劣势因素（W） 放弃美术； 与文化课学习有冲突；等等
机会因素（O）	身边有优秀的美术老师；美术学院扩大了招生规模；等等	**SO 策略** **（发挥优势，抓住机遇）** 努力学习美术专业知识，进一步夯实美术基础；多向老师和同学们咨询美术学习的经验与策略；等等	**WO 策略** **（创造机会，弥补劣势）** 积极请教美术老师，提升美术专业水平；合理安排美术课和文化课的学习时间，制订适合自己的学习时间表；等等
威胁因素（T）	家庭经济条件一般；考生增多，考试难度增加；等等	**ST 策略** **（规避风险，等待机会）** 与父母沟通，争取父母的支持；多与老师沟通，了解考试热点与难点，有针对性地进行美术学习；等等	**WT 策略** **（正视劣势，另辟蹊径）** 利用网络等多渠道寻找美术教学资源，提高美术知识学习的效率；对大学专业多了解、多探索，选择适合自己的院校和专业；等等

五、生涯决策冲突与应对

我们在做重大抉择时，不仅希望能按照自己的想法来安排人生道路，也希望得到家人的支持和帮助。但是，若我们的想法和他们的意见发生冲突时，我们应该怎么办？

（一）平静情绪，分析自我

和父母发生决策冲突时，先让自己的情绪平静下来，再用平和的心态去分析自己苦恼的原因，是气愤父母不理解自己，还是觉得父母的态度伤害了自己的自尊心？是对选择本身存在分歧，还是沟通出了问题？找到原因并寻找解决问题的办法。

（二）尊重和理解父母

家人是我们最亲近的人，我们需要真诚耐心地与他们交流。当我们在生涯决策上与父母发生冲突时，我们应尝试站在父母的立场思考，认真倾听并理解父母的想法，然后再表达自己的观点。当大家都处在平和的状态时，更容易沟通观点和解决问题。

（三）做足准备，理性沟通

我们在做生涯决策前，要做好充分的调查和准备，这样，我们在和父母沟通时才能做到有理有据，更具说服力。

（四）借助第三方力量

第三方，有可能是老师，有可能是某个领域的专业人士，也可能是书籍或网络等。第三方的介入，能够让家人获得更多信息，能让他们更理性地看待问题。因此，我们可以借助第三方的权威与公信力，增强我们生涯决策的说服力和可信度。

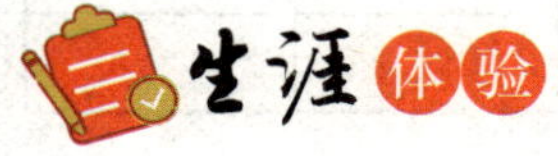

初试职业选择

一、职业决策平衡单

当我们在学业、职业等方面面临选择困难时，决策平衡单法是一个有效的决策方式。请你利用本节所学知识，尝试使用决策平衡单法来选择适合自己的职业。

下面是决策平衡单使用说明。

1. 下表中所列的是一些常规的考虑项目，如果你还有其他的考虑因素，可以添加在表格后面。已有的考虑因素若不在你的考虑范畴内，可以删除。

2. 逐一考虑各个选项，并以“+5～−5”（+5，+4，+3，+2，+1，0，−1，−2，−3，−4，−5）来赋分。

3. 重要考虑因素的赋分还可乘以 1～5 作为各项的加权积分。

4. 逐一计算各个职业选项在正分与负分的加权积分及累加结果，并计算各个职业选项的总分。

决策平衡单

选择项目 / 加权分数 / 考虑因素	职业选择A		职业选择B		职业选择C	
	+	−	+	−	+	−
满足我的兴趣						
适合我的性格						
我具备这样的能力						
符合我的价值观						
满足我的自尊心						
有较高的社会地位						
给家人带来声望						
符合我理想的生活状态						
优厚的经济报酬						
良好的社会资源						
有发展前景						
……						
总分						

二、思考与总结

根据职业决策平衡单，你的职业选择排序是：

____

____

____

1. 请你通过查找资料的方式，了解生涯决策的基本原则。

2. 你在成长过程中，曾经做过哪些重要决策？这些决策对你的成长和发展有怎样的影响？请举例说明。

3. 当你的选择遭到父母反对时，你通常采取什么方法应对？效果如何？

第二节　决策选考学科

导语

新高考改革的一大特点是给予了学生更多的选择，它在尊重学生个性化发展需要的同时，也要求学生必须理性选择，将个人兴趣、能力等与未来职业发展结合起来，选择 3 门自己最喜欢、最擅长，并有助于今后职业和生涯发展的科目。2019 年，第三批正式启动新高考综合改革试点的 8 个省（市）普遍采用“3+1+2”模式，该模式与浙江省和上海市实施的“3+3”模式相比，选科组合减少，学生的选科难度也相应降低。

本节将为同学们详细解读“3+1+2”模式，客观分析选考科目的选科组合特点，同时，梳理各门学科与专业、职业之间的关系，探讨选科的主要依据和基本思路，引导同学们采用科学的方法选择适合自己的选考科目。

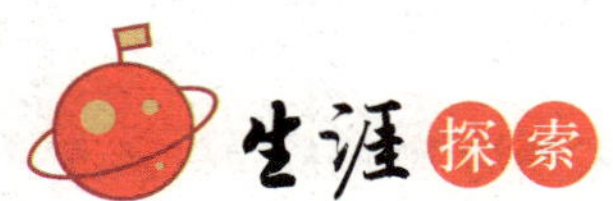

一、解读“3+1+2”模式

（一）了解“3+1+2”模式

2019 年正式启动新高考综合改革试点的 8 个省（市）包括重庆、江苏、湖北、福建、辽宁、广东、河北和湖南，均采用“3+1+2”模式。该模式的特点如下：

“3”，指语文、数学、外语三门必考科目；

“1”，指物理、历史两门科目必选一门；

“2”，指在思想政治、地理、化学、生物科目中任选两门。学生将面临 12 种选科组合。

相对于“3+3”模式的 20 种选科组合，“3+1+2”模式的选科组合明显减少，学生的选科难度也相应降低。而且，物理、历史作为必选科目，可以有效避免学生弃难就易，造成物理等科学素养下降、学生过度偏科的现象，也可以让学生更大限度地选择自己喜欢的科目。

表 4.4　选科组合

12 种组合	
物理 + 化学 + 生物	历史 + 化学 + 生物
物理 + 化学 + 地理	历史 + 化学 + 思想政治
物理 + 化学 + 思想政治	历史 + 化学 + 地理
物理 + 生物 + 地理	历史 + 生物 + 思想政治
物理 + 生物 + 思想政治	历史 + 生物 + 地理
物理 + 地理 + 思想政治	历史 + 思想政治 + 地理

（二）了解选考科目的等级赋分

在新高考下，不同的学生选考科目不同，倘若只是按照各自选考科目的原始分数进行加和而得出高考分数，选考科目容易就能取得高分，选难了就得不了高分，显然是不公平的。此时，受考试难度和科目性质等因素的影响，分数已经是不同质的了，不能进行简单的加和操作，只有转换为同质性的标准分数，才能进行科学的比较与求和。因此，新高考对选考科目实行等级赋分。

在“3+1+2”模式中，物理、历史以原始分计入高考总成绩，与语文、数学、外语的计分方式一样。而生物、化学、地理、思想政治四门选考科目则按等级赋分，即按卷面分数进行全省排名，取一定比例的人数按等级赋分换算。

以河北省为例，思想政治、地理、化学、生物 4 门科目每科原始成绩为 100 分，转换后赋分成绩满分为 100 分，赋分起点为 30 分。转换时将各科目考生原始成绩从高到低划分为 A，B，C，D，E 共 5 个等级，各等级人数所占比例分别约为 15%，35%，35%，13% 和 2%。各科目成绩计入考生总成绩时，将 A 至 E 等级内的考生原始成绩按照事先确定的比例，分别转换到 100 ～ 86，85 ～ 71，70 ～ 56，55 ～ 41，40 ～ 30 五个分数区间，最终得到考生的赋分成绩。转换基数为实际参加该科目考试的人数（不含缺考及因违纪已被取消该科成绩的人数）。具体等级比例和赋分区间如表 4.5 所示。

表 4.5　选考科目等级赋分

等级	A	B	C	D	E
比例	约 15%	约 35%	约 35%	约 13%	约 2%
赋分区间	100 ～ 86	85 ～ 71	70 ～ 56	55 ～ 41	40 ～ 30

（三）选考科目的选科组合分析

“3+1+2”模式把物理、历史作为必选科目，学生必须选择其中一门报考，这既解决了选科组合区分度不够的问题，也有利于提高学生的科学素养，并给偏文、偏理的考生一个选择的自由。而且，在高校人才培养中，物理是自然科学类专业的基础性学科，历史是人文社会科学类专业的基础性学科。高中阶段学习物理或历史是大学阶段学习自然科学类专业或人文社科类专业以及相关交叉学科专业的重要基础。因此，将这两门科目作为首选科目，有利于高校相关专业对学生的培养。

此外，该模式在给学生充分的学业选择的基础上，也兼顾了高校选科和国家选才的要求。以物理学科为例，目前高校有40%以上的专业要求学生选考物理。2018年，教育部下发的《普通高校本科招生专业选考科目要求指引（试行）》，明确要求数学类、力学类、机械学类、电子信息类等19类专业必考物理，占总专业类数的20.4%。该模式将物理作为必选科目之一，能够较好地满足高校选科要求以及国家培养未来人才的基本性需求。

据统计，“3+1+2”模式的12种组合在全国大学专业中的覆盖率如表4.6所示。

表4.6　选科组合可报专业比例

序号	组合	可报专业比例	序号	组合	可报专业比例
1	物理＋化学＋生物	97.40%	7	历史＋化学＋生物	88.70%
2	物理＋化学＋地理	99.40%	8	历史＋化学＋思想政治	88.60%
3	物理＋化学＋思想政治	98.90%	9	历史＋化学＋地理	88.60%
4	物理＋生物＋地理	99.00%	10	历史＋生物＋思想政治	75.30%
5	物理＋生物＋思想政治	99.00%	11	历史＋生物＋地理	77.80%
6	物理＋地理＋思想政治	99.00%	12	历史＋思想政治＋地理	52.90%

二、学科与专业、职业的关系

在高中课程体系中，语文、数学、外语等基础学科也是大学专业的基础性课程，物理、化学、生物、历史、思想政治、地理等课程与高校的专业大类也有一定的对应关系。而且，高中阶段各门课程所涵盖的知识与技能都是今后工作、生活中所需要的，将来也会在不同场合派上用场。例如，从事记者工作，语文写作能力和数学逻辑能力是不可缺少的。因此，无论是哪一门学科，学生都应该认真对待，努力学习，不断夯实各门学科的学科基础。

我们大致统计了各科目所对应的专业类别和职业方向，如表4.7所示，但由于学校与学校之间的专业要求与划分不尽相同，下表并非精确统计结果，仅供参考。

表 4.7 学科对应的专业、职业表

学科	相关专业（类）	相关职业
语文	汉语言文学类、新闻传播类、艺术系理论类、戏剧与影视学类等	报社编辑、作家、记者、编剧、宣传人员、销售人员、外交人员等
数学	数学类、统计学类、经济学类、财政学类、金融学类、计算机类、测绘类、管理科学与工程、工商管理类等	经济顾问、银行职员、税务人员、财务人员、计算机编程人员、网络开发人员等
外语	外国语言文学类、英语、商务英语、翻译、俄语、德语、法语、西班牙语、阿拉伯语、日语等	外语教师、翻译、外贸人员、跨国集团助理等
物理	物理学类、地球物理类、矿业类、力学类、机械类、仪器类、电器类、电子信息类、自动化类、计算机类、土木类、水利类、轻工类、交通运输类、航空航天类、兵器类、核工程类、建筑类、能源动力学类、公安技术类、农业工程类等	电力、采矿、邮电、通信、汽车、航天、建筑等行业生产部门技术员，工程师，企业家等
化学	化学类、地质学类、材料类、化工与制药类、环境科学与工程类、食品科学与工程类、林业工程类、药学类等	石油公司、化工厂、检疫部门、医院、制药厂工作人员等
生物	生物科学类、植物生产类、自然保护与环境生态类、动物生产类、动物医学类、林学类、水产类、草学类、生物工程类、生物医学工程类、食品科学与工程类、医学等	农业技术员、农业种植养殖公司职员、园艺师、食品检疫营养专家、农业科学家等
历史	历史学类、哲学类、社会学类、民族学类、马克思主义理论类等	考古工作者、博物馆职员、公务员、教师、导游等
地理	水利水电类、地质类、大气科学类、测绘类、城市规划类、旅游管理类、地理科学类、工商管理类等	地理勘查工作者、采矿工作者、酒店管理人员等
思想政治	哲学类、法学类、公安学类、经济学类、民族学类、社会学类、政治学类、教育学类、工商管理类、公共管理类等	公务员、律师、企业管理人员、社会公共事务者等
技术	机械工程类、电子信息类、计算机科学类、土木类、环境科学与工程类、建筑学类、自动化类、通信工程类等	软件工程师、硬件工程师、电气工程师、项目经理、土建工程师、运维工程师等

三、选科的主要依据和基本思路

（一）选科的主要依据

1. 依据个人的生涯规划方案

科学选科的关键在于设计个人生涯发展路径，明确自己的职业目标、升学目标，并据此由远及近地倒推出自己的选学科目（图 4.1）。

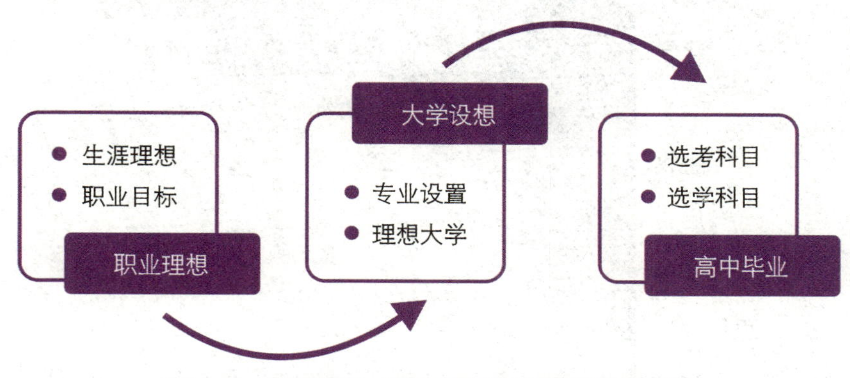

图 4.1　生涯目标、职业目标和选学科目关系图

例如，你对电子地图的测量绘制有兴趣，立志将来从事这方面的工作，就要选择地理信息科学专业，这个专业需要物理和地理学科的知识基础，选考学科中必然要有物理和地理。

2. 依据个人的兴趣和优势

兴趣是学习最主要的动力。学生如果选择自己感兴趣的学科，不仅能激励自己在高考中取得好成绩，还能促进自己今后的专业学习和职业发展。试想一下，如果你选择了自己不感兴趣的学科，不仅高中三年、大学四年，甚至是今后工作你都要持续学习和使用这门学科的知识，这门学科可能会成为你丢不掉的一块“硬骨头”。因此，建议同学们在条件允许的情况下，尽量选择自己喜欢的学科。

同学们在关注学科兴趣的同时，还要找到自己的优势，定位自己最具竞争优势的学科，尽量把兴趣和优势结合起来，选择自己喜欢且擅长的学科。

值得一提的是，自我效能感是影响个人能力发挥的重要因素。同学们在发挥个人优势，发展个人优势学科时，应正确评估和不断增强个人的自我效能感。建议同学们到专业机构参加“学科效能感测评”，了解自己学好某学科的信心程度。心理研究发现，高度的自我效能感会提高我们选择某项活动的可能性和活动的成功率。当你确信自己有能力学好某学科时，你的学习效果才会更好。

3. 依据高校的选考学科要求

新高考下不再分文理科，但是各个高校会根据其培养目标和专业特点等提出具体的选考科目要求。主要分为四类：限制 1 门学科，限制 2 门学科，限制 3 门学科，不限学科。

以浙江省为例，根据浙江省教育考试院的统计数据，2018 年拟在浙江省招生的高校有 1 360 所，涵盖 23 719 个专业（类）。有 500 多所高校没有提出选考科目要求。各高校所有专业（类）中，54% 不限选考科目，46% 设限选考科目，其中设限范围为 3 门的占 33%，2 门的占 8%，1 门的占 5%。各校提出选考科目要求的专业（类）中，选择最多的是物理，涉及设限专业（类）的 81%，其次是化学涉及 64%，再次是技术涉及 36%，此外，生物、历史、地理、思想政治分别为 32%、19%、15%、13%（图 4.2）。

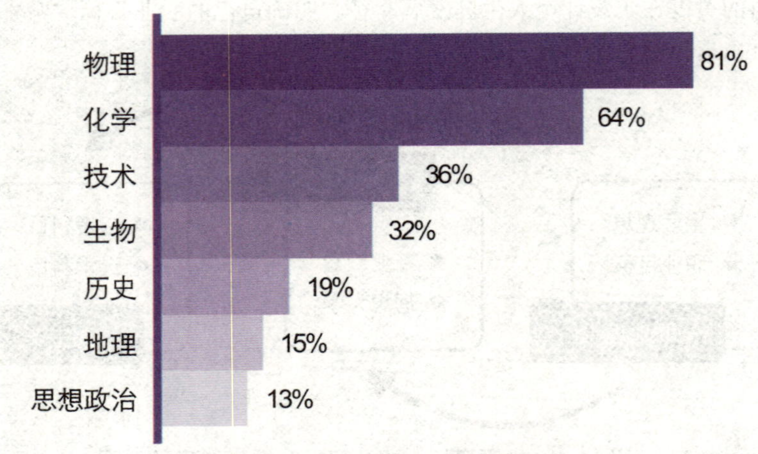

图 4.2　各校提出的选考科目要求的专业（类）

需要注意的是，即使是同一专业（类），不同学校对选考科目的要求也可能存在差异。

例如，临床医学专业在上海交通大学、南开大学等学校的科目限制要求就有所不同，如表 4.8 所示。

表 4.8　不同学校对选考科目要求

学　校	要求选考科目
上海交通大学	物理、化学
南开大学	化学、生物
南京大学	物理、化学、生物

另外，限制多门学科并不是要求所有学科都得符合高校要求。国家规定，学生选考的三个学科中，有一个学科与高校提出的选考要求一致就可以报考。

例如，南开大学的临床医学专业要求的选考学科是化学和生物，那么学生选考的三科中只要有化学或者生物都可报考该专业。

（二）选科的基本思路

选科的基本思路是：建议同学们第一门学科的选择要从未来职业、专业和高校目标来考虑，同时兼顾学科兴趣和学科能力等；第二和第三门学科选择优势学科。若有两门学科势均力敌、难以取舍，建议优先考虑能实现文理学科搭配的科目，这样更有利于全面、可持续发展。

我们可以根据自身的兴趣和优势，选择适合自己的科目组合。因为感兴趣的东西学起来更容易，而擅长的科目即使不是特别感兴趣，但是因为自己在这门学科基础扎实，也可以选。我们可以多向老师、家长征询意见，或者借助一些科学测评手段，如到专业机构进行学科兴趣测试，帮助自己找到感兴趣的、擅长的学科。

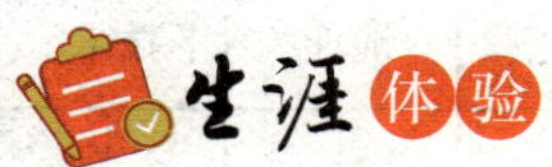

选科决策平衡单

当我们面临重要选择时，决策平衡单会是一个很好的决策工具。现在，让我们借鉴下面案例中这位同学的做法，一起使用决策平衡单来帮助自己进行学科选择。

一、案例分享

选科决策平衡单

考虑因素	权重	选项一：历史		选项二：物理	
		得＋	失－	得＋	失－
个人爱好	×5	（4）20（分）		（1）5（分）	
考试成绩	×5	（4）20（分）			（-1）-5（分）
同学影响	×1		（-3）-3（分）	（1）1（分）	
教师意见	×3	（3）9（分）			（-1）-3（分）
学校优势	×2		（-1）-2（分）	（3）6（分）	
未来前景	×3	（4）12（分）		（4）12（分）	
父母观点	×4	（1）4（分）		（4）16（分）	
合计		65（分）	-5（分）	40（分）	-8（分）
得失差		60（分）		32（分）	

二、我的选科决策平衡单

【操作步骤】

1. 把6门或7门选考科目填入选择项目中。

2. 根据自己的实际情况，尽量把影响选考科目的各种因素写在考虑因素栏里。已有的考虑因素如果不符合你的情况，可以删除。

3. 根据考虑因素对自己的重要性和迫切性，赋予它权数，加权范围为1～5倍，权数越大，说明你越重视该因素。

4. 对每个方案中的要素进行打分，优势得分标记为“+”，缺点失分标记为“-”，记分范围为“-5 ～ +5”。

5. 将每一项得分和失分乘以权数，得到加权后的得分或失分，分别计算出总分。最后加权后的得分总和减去加权后的失分总和得出“得失差数”，以此分数来做最后的决定。得分越大，该科目就越适合你。

我的选科决策平衡单

选择项目		物理		化学		生物		思想政治		历史		地理		技术	
加权分数 / 考虑因素	重要性的权数（1～5倍）	+	−	+	−	+	−	+	−	+	−	+	−	+	−
学科兴趣															
学科能力															
专业与高校倾向															
职业倾向															
文理倾向结合															
家长倾向															
师资情况															
同伴建议															
……															
加权后合计															
加权后得失差数															

1. 在所有的选考组合中，你最喜欢的组合是哪个？请说明原因。

2. 请查阅资料，了解一下你所在的省（市）往届高中生的选科情况〔如果你所在的省（市）尚未开始执行选科政策，请在已经执行选科政策的省（市）中选一个进行了解〕，并与同学们分享和讨论你对选科的认识。

第三节　冲刺名校的新途径
——自主招生

近年来，国家对人才的需求进一步加大，很多高校“不拘一格降人才”，实行自主招生。自主招生选拔的是具有某方面特长或创新潜质的专才，这无疑为部分个性鲜明、特长突出的学生提供了进入名校的机会。

本节为同学们详细解读自主招生的相关政策与知识，启发大家选择适合自己的升学途径，并为有参加自主招生意向的同学提供备考建议与指导，帮助大家更好地以特长制胜高考。

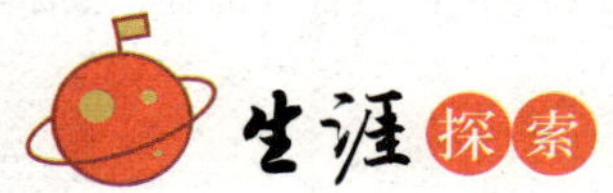

一、自主招生概述

（一）什么是自主招生

自主招生是我国高校考试招生制度的有机组成部分，也是高等教育改革扩大高校自主权的重要举措。我国的高等院校自主招生改革始于 2003 年，初期仅有二十多所高校拿出院校总招生计划 5% 的名额进行自主招生。经过十多年的发展，到 2017 年，参加自主招生的试点高校达到 90 所，其中 77 所面向全国招生，13 所面向本省（市）高中招生。

自主招生是指高校不再单一依据高考成绩，而是通过自主测试（采用笔试、面试等方式），并结合考生的高考成绩和平时表现，最终决定是否录取考生的一种招生方式，是对现行统一高考和按分数录取的招生方式的一种补充。考生如果通过了高校的自主招生考核，就能享受目标高校的优惠政策。

优惠政策一般分为三类：降分录取、加分选专业和专业直录。各校优惠政策不一，具体实施办法要参考高校当年的招生简章。

（二）自主招生的对象

自主招生选拔的是具有学科特长和创新潜质的学生，并不要求学生一定要全面发展，它着重考查学生某一方面的能力与优势。换言之，自主招生是一个为专才开通的升学渠道，适合爱好明确、特长突出的学生。

具体来说，参加自主招生的考生可细分为三类：

（1）高中阶段品学兼优、综合实力强或取得优秀荣誉称号的高三毕业生；

（2）在一定领域具有特长，在各类比赛及竞赛中获得奖励的考生；

（3）高中阶段在科技创新、发明方面有突出表现并获得奖励的考生。

（三）自主招生的意义

1. 自主招生的降分优惠助力学生考取名校

如果你的成绩只比一本线高一点点，或者在一本线徘徊，那么对你而言自主招生将是雪中送炭的选择。只要入选各高校的自主招生，你就可以获得 10 ～ 60 分甚至降至一本线的降分录取优惠，并可提前锁定专业。

在高考中，多一分就可以让你超越很多人，更何况是 10 ～ 60 分的优惠分值。所以，即使你的成绩不是特别优异，你也有机会通过特长优势、个人魅力、谈吐风格等各方面征服自主招生的考官，拿到降分优惠。

2. 自主招生能够扩展学生的专业选择空间

从 2018 年部分自主招生高校的招生简章可以看出，自主招生考试已经突破文理科的局限，如清华大学在自主招生简章中明确规定考生可以填报一个与本人特长相关的专业类别（方向）。也就是说，考生的专业选择空间增大了，不再受传统文理科的限制，能够填报自己认为合适的专业类别。

3. 自主招生有利于发掘和发展学生的特长潜能

自主招生考试要求学生在各类竞赛中获奖，在科技创新、社会实践等方面也有突出表现。自主招生让学生的特长与优势得到充分发展，为学生今后的学业深造、就业发展打下坚实基础。

（四）自主招生的报名流程及时间安排

（1）2 月底至 3 月初，试点高校发布年度自主招生简章。

（2）3 月底前，考生完成报名申请。

（3）4 月底前，试点高校完成考生材料审核，确定参加学校考核的考生名单并进行公示。

（4）6 月 7 日至 8 日，考生参加全国统一高考。

（5）6 月 10 日至 22 日，考生参加自主招生考核。

（6）6 月底至 7 月初，试点高校完成考核，确定入选资格考生名单、专业及优惠分值，并报教育部阳光高考平台公示。

（7） 7 月上旬，投档录取。

二、自主招生的准备工作

（一）提高学习成绩

高校进行自主招生，材料初审时，要求学生提供平时的考试成绩，甚至有些高校对平时成绩有明确要求，如清华大学“领军计划”要求考生的高中综合成绩要在年级前5%。因此，打算申请自主招生的学生要打好学科基础，切不可只顾准备竞赛或发明创造，而忽略了最基本的课程学习。

（二）参加各类竞赛

2019年4月11日，教育部办公厅印发《关于公布2019年度面向中小学生的全国性竞赛活动的通知》，确定29项竞赛活动为2019年度面向中小学生开展的全国性竞赛活动。其中，高中生可参加的竞赛有科技创新类、学科类、艺术体育类竞赛，共计28项竞赛活动（除第8项面向小学、初中学生的“青少年科学调查体验竞赛”）。如表4.9所示。

表4.9　2019年度面向中小学生的全国性竞赛活动名单

序号	竞赛名称	主办单位	竞赛面向群体
科技创新类			
1	全国青少年科技创新大赛	中国科协青少年科技中心	小学、初中、高中学生
2	中国青少年机器人竞赛	中国科协青少年科技中心	小学、初中、高中学生
3	全国青少年创意编程与智能设计大赛	中国科协青少年科技中心	小学、初中、高中学生
4	“童创未来”全国青少年人工智能创新挑战赛	中国少年儿童发展服务中心	初中、高中学生
5	全国青少年电子信息智能创新大赛	中国电子学会	小学、初中、高中学生
6	全国中小学信息技术创新与实践大赛	城乡统筹发展研究中心	小学（三年级以上） 初中、高中学生
7	全国中小学生创·造大赛	科技日报社 中国发明协会	小学、初中、高中学生
8	青少年科学调查体验竞赛	中国科协青少年科技中心	小学、初中学生
9	“明天小小科学家”竞赛	中国科协青少年科技中心	高中学生
10	全国青年科普创新实验暨作品大赛	中国科学技术协会	初中、高中学生
11	全国中学生天文知识竞赛	中国天文学会	初中、高中学生
12	全国防震减灾知识大赛	中国地震灾害防御中心	初中、高中学生

续表

序号	竞赛名称	主办单位	竞赛面向群体
学科类			
13	全国中学生数学奥林匹克竞赛	中国数学会	高中学生
14	全国中学生物理奥林匹克竞赛	中国物理学会	高中学生
15	全国中学生化学奥林匹克竞赛	中国化学会	高中学生
16	全国中学生生物学奥林匹克竞赛	中国植物学会 中国动物学会	高中学生
17	全国中学生信息学奥林匹克竞赛	中国计算机学会	高中学生
18	世界华人学生作文大赛	中华全国归国华侨联合会	高中学生
19	全国中学生科普科幻作文大赛	中国科普作家协会	高中学生
20	叶圣陶杯全国中学生新作文大赛	中国当代文学研究会	高中学生
21	高中生创新能力大赛	中国老教授协会	高一、高二学生
22	“外研社杯”全国中学生外语素养大赛	北京外国语大学	高中学生
23	中国日报社“21世纪杯”全国英语演讲比赛	中国日报社	高中学生
24	“希望杯”全国数学邀请赛	中国国际文化交流中心 《数理天地》杂志社	高中学生
25	“地球小博士”和“环保之星” 全国地理科普知识大赛	中国地理学会	高中学生
艺术体育类			
26	全国中小学生绘画书法作品比赛	中国儿童中心	小学、初中、高中学生
27	中日青少年书画友好交流大赛	人民中国杂志社	小学、初中、高中学生
28	全国青少年科学影像大赛	中国科协青少年科技中心	小学、初中、高中学生
29	丝路国家青少年国际摄影竞赛	中国艺术摄影学会	小学、初中、高中学生

虽然高考取消了竞赛加分，但从2018，2019年北京大学、清华大学等高校公布的自主招生政策中可以看到，竞赛成绩仍是高校自主招生的“标配”。因此，打算申请自主招生的学生应积极参与自己感兴趣的、能够凸显自身优势潜能的竞赛活动。

建议学生参加竞赛不要超过两种，集中精力在一种竞赛中发挥出自己的最佳水平，争取最好的成绩。另外，根据竞赛流程，一般要参加全国级的竞赛考试就要先参加省级竞赛考试，这就要求学生必须尽早开始准备参加省级竞赛，否则到了高三可能没有机会参加国家级竞赛。

（三）努力发展与所报专业有关的兴趣特长

从 2019 年高校自主招生简章可发现，很多高校提出的报考条件是要求考生对所报专业有浓厚兴趣并在相关领域确有突出特长，并能够提供证明材料。

例如，《北京中医药大学 2019 年自主招生简章》中提出的报考条件之一是“高中阶段在中医药相关领域具有培养潜质，或高中阶段在中华优秀传统文化方面取得优异成绩，并能够提供真实、详尽的材料予以证明。”

《西南政法大学 2019 年自主招生简章》提出的报名条件之一是“在所报考专业方面学科特长突出、取得突出成绩且品学兼优、有创新潜质者（需提交详实证明材料）。”

因此，建议学生清楚了解自己的兴趣和优势，在报考自主招生院校时可以优先考虑与自己兴趣特长相关的专业和院校，并根据目标院校的要求，科学规划自己的学习时间，努力发展与报考专业相关的兴趣特长，在个人能力和优势特长上做好、做足准备。

（四）撰写自荐信

如果说获奖情况、学习成绩反映的是我们的“硬实力”，那么自荐信反映的就是我们的“软实力”。高校会依据自荐信并结合其他材料，最终确定初审通过的名单。

自荐信要体现学生的个性特质、对所报院校和专业的认知程度、在科学探究和社会实践能力等方面的发展潜质、进入大学后的规划等内容，在字里行间反映自己的语言表达能力、情商水平等综合素质。

书写自荐信有以下注意事项。

（1）要有真情实感，客观、真实地介绍自己的经历，表达自己的观点。

（2）要富有活力和个人特色，可在文中突出自己有梦想、有活力、视野开阔、个性鲜明等特点，给审核老师留下深刻印象。

（3）要有针对性，阐述自己对目标学校的文化内涵、教学特点等方面的理解，通过说明自己为什么要报考这所学校，强调个人秉性与学校文化氛围的匹配度，增强审核老师对你的认可度。

（4）语言表达要简洁明了、注重细节。自荐信一般不超过 2 页，要注意把握关键问题的细节描述，思路清晰、言简意赅、准确生动的表达更容易赢得审核老师的好评。

（五）做好面试准备

1. 面试模式

面试是自主招生选拔的重要环节，主要分为以下三种模式。

① 个人单独面试

个人单独面试，又分“一对一”或“一对多”两种形式。“一对一”面试是指每位考生先后接受五位考官的单独考试。“一对多”面试是指每位考生需要独立面对几位考官的集体发问。

② 小组面试

一般为无领导小组面试。这是一种通过情景模拟对考生进行集体考核的考查方式，考官可以通过考生在给定情景下的应对危机、处理紧急事件以及与他人合作的状况来判断该考生是否满足学校的招生条件。

③ 对抗式（辩论式）面试

考生被分成若干个人数相等的小组，一般每组四人或六人，然后每次有两组考生参加面试。考官在向考生说明规则之后，便发放辩论题目，然后随机指定正方和反方，让两组展开讨论。

2. 面试注意事项

（1）做好面试前的准备工作。了解所报考院校面试的流程、形式和要求；了解该校的整体情况，包括建校历史、办学宗旨、师资力量等；清楚自己为什么会选择报考该校，找到个人与学校之间的契合点；了解所报考专业的基本情况和发展前景，对自己的专业学习和职业发展要有清晰的规划。此外，要做好专业知识与能力的储备，以便能够较好地回答考官提出的各种专业领域的问题。

（2）找准自己的个性定位。考生要根据自身的气质、性格、身份等来塑造自我形象，在言谈举止间展现出个人真实、鲜活的一面。

（3）保持自信。自信会提升整个人的气质或状态，使考生在面试中有不错的发挥，同时也会使考生在考官面前留下积极、正面的印象。

（4）注意文明礼仪。建议考生穿符合学生身份的服装，做到有礼有节、谦虚谨慎。

（5）把握说话的分寸。回答问题时，考生一定要言简意赅、重点突出，既不要重复啰唆，也不要因寡言少语造成“冷场”。

（6）保持专业思维。考官提问后，考生不要急于回答，应稍作停顿，整理好思绪，避免思维过于跳脱，或者缺乏逻辑。回答时，要尽可能用自己的专业思维来回答问题，展现出个人的专业素养与专业潜质。

三、自主招生的时间规划

有意向参加自主招生考试的同学，应尽早做好应对自主招生的时间规划方案，有条不紊地做好能力储备与申请材料的准备工作。下表是自主招生学习计划示例表，仅供参考。

表 4.10　自主招生学习计划示例表

时间	目标规划
高一	•练好语文、数学、英语等各门学科的基本功 •确定并着手学习兴趣科目 •选择竞赛，了解竞赛日程，参加初赛
高二	•继续打牢各门学科基础 •参加竞赛强化训练，在中级赛事中拿奖 •撰写论文、发表作品，或者申请专利 •报名参加高校夏令营
高三	•参加国内最高级别竞赛，争取拿奖 •了解自主招生政策与相关信息 •定位目标学校，准备申请材料

“无领导小组”面试模拟比赛

无领导小组面试是自主招生面试的一种形式。学生应积极参加无领导小组面试模拟比赛，锻炼个人的沟通能力、组织协调能力、合作能力。同时，在实战演练中找到适合自己的面试应对策略和技巧，提高自己的专业能力与综合表现力，为真正的自主招生面试做好准备。

下面，请你与同学一起参加一场无领导小组面试的模拟比赛。

1. 比赛要求

（1）每 8 人为一组，全班可分为 6 ～ 7 组进行初赛。

（2）每组选出 1 人，共 6 ～ 7 人进行决赛。

（3）通过决赛选出 3 名获胜者。

2. 面试环节

（1）准备阶段的时间：5 分钟。

（2）发言时间：个人陈述 2 ～ 3 分钟，小组讨论 30 ～ 35 分钟，总结 3 ～ 5 分钟。

（3）离场：考查细节。

3. 比赛题目

“一带一路”国际合作高峰论坛于 2017 年 5 月 14 日至 15 日在北京举行。该论坛是“一带一路”提出 3 年多来最高规格的论坛活动，是中国 2017 年重要的主场外交活动，对推动国际和地区合作具有重要意义。

请你简要谈谈对“一带一路”的认识。

1. 如果报考自主招生，你认为自己具备的优势是什么？哪些地方还需要加强？
2. 请以你感兴趣的院校为目标学校，试写一封自荐信。

第四节　生涯探索活动

实战科学选科

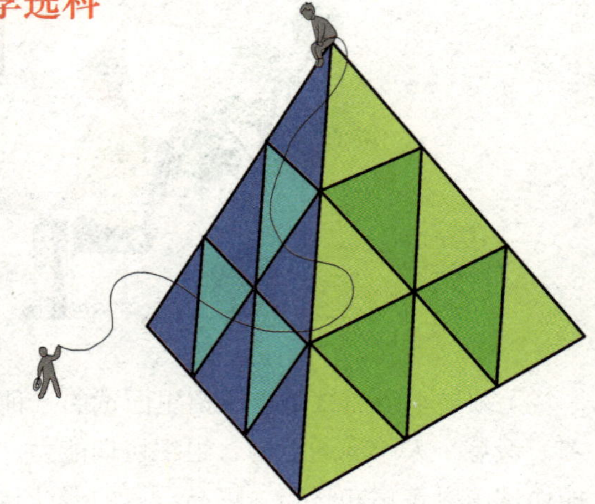

一般情况下，同学们在高一下学期或高二上学期就要完成学科的选择。同学们可以在高一阶段对各门学科进行尝试体验并深入学习。同时，了解、认识个人的性格、兴趣、能力、价值观等，在此基础上，完成学科的选择与决策。

接下来，请你尝试通过以下路径进行学科选择。

第一步：学科初选

初选时间：高一上学期期中考试之后。

经过两三个月的高中学习，你应该对各门学科有了初步的感受，也可以从期中考试中看到自己对部分学科的兴趣和能力倾向，不妨尝试进行第一次学科选择。请根据自己的性格、兴趣爱好、优势潜能、价值观等，找到相应的专业类和对应的选考科目，并对你的选择做出统整，完成学科初选。

选考科目统整表

<table>
<tr><th>考虑因素</th><th>专业类</th><th>要求选考科目</th><th>科目统整</th></tr>
<tr><td rowspan="5">我的性格</td><td></td><td></td><td rowspan="5"></td></tr>
<tr><td></td><td></td></tr>
<tr><td></td><td></td></tr>
<tr><td></td><td></td></tr>
<tr><td></td><td></td></tr>
<tr><td rowspan="5">我的兴趣爱好</td><td></td><td></td><td rowspan="5"></td></tr>
<tr><td></td><td></td></tr>
<tr><td></td><td></td></tr>
<tr><td></td><td></td></tr>
<tr><td></td><td></td></tr>
</table>

续表

考虑因素	专业类	要求选考科目	科目统整
我的优势潜能			
我的价值观			

在上述科目统整的四个部分中，

出现 4 次的学科：__________

出现 3 次的学科：__________

出现 2 次的学科：__________

出现 1 次的学科：__________

综合上述信息，完成下面的学科选择初选表。

学科选择初选表

我的初步选择是什么？（3～4个）	
家长对我的选择有什么意见？	
在选择中我还想得到老师哪些方面的帮助？	

第二步：学科再选

再选时间：高一上学期期末考试之后。

经过一个学期的学习，你对自己的学科兴趣与能力逐渐有了比较清晰的认识，对未来人生目标的探索也日益明朗化。这时候可以进行第二次选科决策。请你根据“选考科目统整表”，对学科初选结果进行再次确认或适度调整。

我的再次选择结果是：________________

调整的学科是：________________

调整的原因是：________________

第三步：学科决策

终选时间：高一下学期期中或期末考试之后。

经过近一年的学习，你对各门学科已经有了比较深刻的体验和感受，对自己的生涯目标也有了比较明确的规划，是时候确定你的选考科目了。

如果你还在某几个学科中犹豫不决，感到难以取舍，可以试试“选科决策平衡单”（参考本单元第二节“决策选考学科”），进一步厘清自己的学科倾向，做出最后的选科决策，并为你的选择做出郑重的行动承诺。

我的选科决策

我选择的高考科目 1：________________ 我的行动承诺：________________

我选择的高考科目 2：________________ 我的行动承诺：________________

我选择的高考科目 3：________________ 我的行动承诺：________________

第五单元

强化生涯管理

对处在成长黄金期的中学生来说，时间有限，想做的、要做的事情也很多。如何将看似纷繁复杂的各项事务厘清？如何在各方面取得丰硕成果？答案不一而足。但设定明确的目标、执行有效管理目标是必不可少的环节。

第一节 目标管理

目标是生涯规划与生涯发展的核心内容，确立目标是制订生涯规划的关键。目标是驶向成功的罗盘，它让我们认清方向，产生动力，自觉克服前进道路上的一切困难。

本节将带领同学们探讨目标管理的重要性，并从确立目标、执行目标、评估与修订目标等方面说明如何进行科学有效的目标管理，从而帮助同学们提高目标管理的意识与能力。

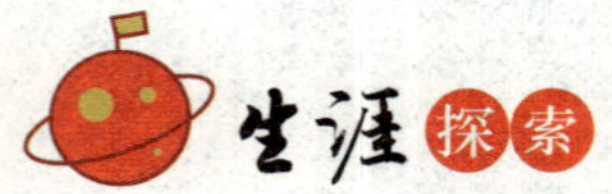

一、目标是生涯规划的核心

经过大量调查研究发现，成功者有一个共同特点：有明确的目标。

（一）目标管理的内涵

美国管理大师彼得·德鲁克（Peter F. Drucker）于1954年在其著作《管理实践》中最先提出了“目标管理”的概念。经典管理理论对目标管理的定义为：目标管理是以目标为导向，以个人为中心，以成果为标准，而使组织和个人取得最佳业绩的现代管理方法。

对个人而言，目标管理是在正确认识自我和外部环境的基础上，制订明确的生涯目标，并将生涯目标层层分解到每年、每月、每日的具体行动中，通过每一个阶段性目标的实现，最终实现生涯目标。

（二）目标管理的意义

1. 目标管理为我们的生涯发展明确方向

目标管理能够帮助我们明确自己想要什么，要到哪里去。目标管理还能够让我们根据一件事情的轻重缓急安排好完成它的步骤，让我们有计划、高效率地达成目标。做事如果没有目标，就很容易陷入跟理想无关的日常杂事中，严重影响办事效率和效果。有人曾说过，智慧就是懂得该忽视什么东西的艺术。这句话的道理就在于此。

2. 目标管理可以有效监督生涯发展过程

通过目标管理，我们可以定期评估目标执行情况，及时发现目标执行过程中存在的问题，适时调整和完善规划方案和行动计划，确保目标执行者不会“误入歧途”，而是顺利朝着正确的方向前进。

3. 目标管理有利于产生持久的内在动力

目标是动力的源泉，而目标管理通过确定目标、执行目标、评估与修订目标等一系列过程，让我们的行动始终紧紧围绕着既定目标，让我们为那可以“预见”的未来奋斗不息。即使遇到困难和挫折，清晰的目标也会持续激发我们内在的勇气、毅力和信心，催促我们充满干劲、坚持不懈地朝着目标努力，直至最终实现既定目标。

二、目标管理的基本步骤

目标管理分三步走：确定目标、执行目标、评估与修订目标。

（一）确定目标

1. 正确认识自我与外部环境

在制订目标前，要清楚地知道“我是谁”“我处在一个怎样的环境中”，在知己知彼的情况下，再进一步思考我们的目标和计划。

2. 制订目标

要制订真正有效的目标，建议同学们遵循“SMART”原则。

S（Specific）：明确的。即目标要尽量说得具体，不要含糊不清或太广泛。目标越具体，在工作和学习中你的动力就越足，状态也就越好。

我们来对比一下：

表 5.1　模糊目标和具体目标

模糊目标	具体目标
获得良好的教育	2020 年获得某大学录取通知书
提高自己的修养	每天冥想 15 分钟
改善自己的外形	接下来 6 个月减掉 5 公斤

M（Measurable）：可以量度的。指目标应该是可以量化的，验证目标的数据是可以获得的。

A（Achievable）：实际可行的。目标的制订必须切合我们自身的能力，不可以好高骛远，也不可以太轻松、太容易。目标太高，如果努力后仍然实现不了，我们就会慢慢丧失斗志；目标太低，很容易实现，我们就会对它渐渐失去兴趣。所以，“跳一跳，够得着”的目标才最具有吸引力。

R（Rewarding）：有满足感的。想一想：当你达到设定好的目标时，你的心情会如何？别人对你的评价会如何？你是否获得了一种被肯定的满足感？

T（Time limited）：有时间限制的。没有时间限制的目标，很容易被我们用各种借口来推迟行动；有时间限制的目标，我们才能推动自己加速行动。例如，你的目标是在2022年12月完成某个任务，我们可以根据工作任务的难度、轻重缓急等，拟定出完成目标的具体时间，并定期检查目标进度，以便对自己的目标及时做出调整。

除此之外，我们的目标还应符合社会发展的需要。学校承担着向社会输送人才的任务，每一个走向社会的人都需要承担相应的责任。只有个人需求和社会需求相适应时，个人才能得到很好的发展。

（二）执行目标

1. 分解目标

在一个大目标面前，我们常常望而却步，甚至怀疑自己是否有完成它的能力。如果把大目标分解成一个个相对简单的小目标，我们就会感觉好多了。分解目标不仅降低了我们实现目标的难度，而且我们也会不断收获完成小目标后的喜悦与成就感。当我们实现一个个小目标后，就会惊喜地发现，我们离大目标越来越近了。因此，执行目标的第一步是分解目标。

我们可以对大目标进行分解。将人生终极目标依次分解为长期目标（5～10年）、中期目标（2～5年）、短期目标（2年内）、小目标（每月、每周、每日），它们的关系就像一座金字塔（如下图所示）。如果你一步一步地实现各层目标，就能实现你的最终目标。

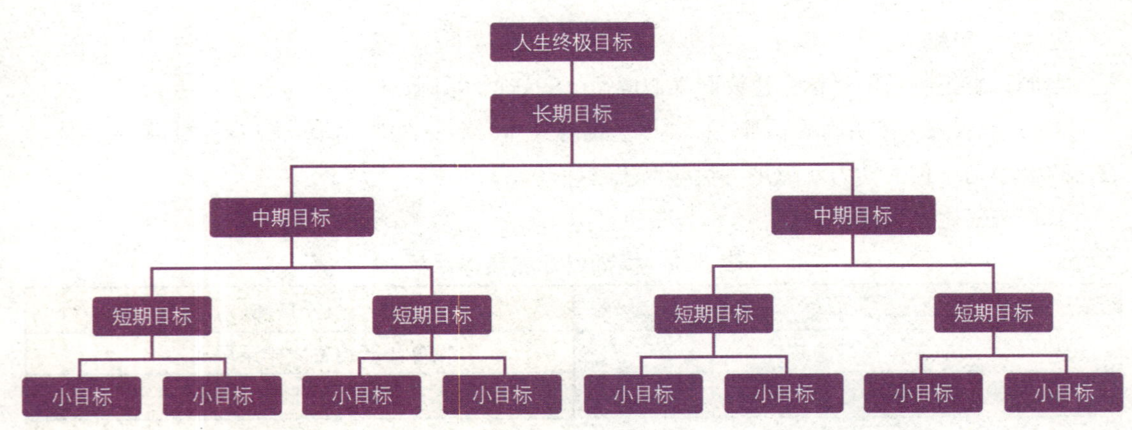

图 5.1　目标分解示例图

下面是某学生的目标制订和分解案例，仅供参考。

长期目标（5 ～ 10 年）：成为一名软件开发工程师。

中期目标（2 ～ 5 年）：进入天津大学的计算机专业或软件工程专业学习相关知识与技能。

短期目标（2 年内）：高二的学习成绩进入班级前 5 名。

学期目标（半年内）：学习成绩进入班级前 15 名。

2. 提高目标执行力

一张地图无论标注多么详尽，比例多么精确，它永远不可能带着看它的人在地面上移动半步。只有“行动”才能使你成功。下面是一些提高目标执行力的小技巧，仅供参考。

（1）管理好自己的时间（参看“第三节　时间管理”）。

（2）适时激励。

可以在每一个小目标的执行过程中为自己设置一个激励环节，尤其是在困难的任务完成之后，可以用好吃的、好玩的或休息一会儿等进行自我激励。适度的激励，会让自己的内心得到满足，感到愉悦，有利于激发自己坚持执行目标的积极性和主动性。

（3）建立良好的监督机制。

良好的监督机制对同学们坚持完成自己定下的目标起着关键作用。因此，同学们可以邀请父母或老师来监督自己，也可以找自己的朋友，两人分别制订各自的目标，并且彼此监督，这样既可以培养朋友之间的团队合作精神，也可以更有效地实现自己的终极目标。

（三）评估与修订目标

目标规划是一个动态的过程，在目标执行过程中，目标进展很可能会因为各种因素的影响而偏离既定轨道。因此，我们要时常反思和评估目标进程，不断修订和完善目标规划方案，适时调整自己的行动方向和方法，确保自己的生涯目标顺利实现。

在评估目标执行过程时，我们需要考虑以下问题：

（1）这个目标规划方案执行顺利吗？如果不顺利，问题在哪里？又该如何调整？

（2）这套方案能助你有效达成目标吗？

（3）当初做出这个目标规划方案时的条件和环境有没有发生变化？

生涯规划的实现过程是一个循环反复的过程，每一个阶段都可能会重新规划，从头再来。在这个过程中你会发现，自己的目标越来越清晰，实现目标的路径和方法也会越来越科学。同时，你的自我规划和自我管理得到了充分的锻炼和提升。当你一步一个脚印朝着既定目标前进时，你不仅能够收获成功的喜悦，更能感受到拼搏奋斗创造的生命价值。这是人生最宝贵的财富。

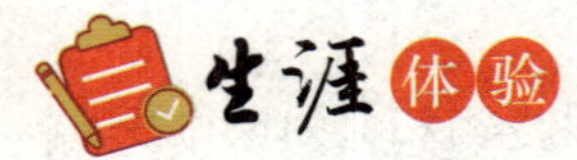

我的理想

（一）曾经的理想

小时候，我们有很多的理想，今天告诉妈妈“我要当科学家”，明天告诉爸爸“我要当工程师”。请你回想一下，你小时候的理想是什么。现在，你曾经的理想改变了吗？

曾经的理想

阶段	我的理想	是否实现	原因	是否继续追寻	原因
幼儿时期					
小学时期					
初中时期					

（二）家人的期待

父母对孩子的成长总是充满期待的。请你和家人聊一聊，听听他们对自己的期待和祝福。

1. 我的名字有什么特别的意义？包含着家人怎样的期待？

____

____

2. 我的家人希望我未来成为什么样的人，过怎样的生活？

____

____

3. 自己的理想与家人的期待是否一致？如果不一致，我要怎样面对？

____

____

____

（三）现在的目标

请根据所学的目标管理知识，重新思考和设计你的人生目标，追求你真正的目标理想。

我的人生目标设计表

步骤	内容填写说明	内容
1. 我现在的人生理想是什么？	5 年后、10 年后你想要成为什么样的人	
2. 我需要怎样做才能实现理想？	你需要考虑达成生涯目标所应具备的知识和技能。如你的核心目标是考取北京大学物理学专业，首先，你需要知道北京大学物理学专业的录取分数，要求选修的课程类型，各科需要达到的水平。然后，再根据自己的实际情况合理制订自己的阶段性学习目标	
3. 我目前已经具备了哪些能力？	考虑一下你的学习现状和进步情况，如在曾经的科目学习中你已获得的技能	
4. 我还需要做哪些准备？	将你目前具备的能力和人生目标所需的条件进行对比，找出自己尚未具备的能力，并为自己制订能力培养计划	

（四）设计我的名片

当你实现了自己的人生目标，应该会有一张显示自己职业、身份、地位的名片。请你拿起笔来，为未来的自己设计一张名片。名片上可以标明你的公司名称、职位、工作内容、联系方式等。

名片正面	名片反面

1. 你有过目标管理的经历吗？请与同学们分享一下这个过程，并说说自己的感受。

2. 请根据目标管理基本流程和方法，为自己制订本学期的目标，并将目标进行合理分解。

第二节 学习管理

导语

联合国教科文组织出版的《学会生存》一书中有这么一句话："未来的文盲，不再是不识字的人，而是没有学会怎样学习的人。"善于学习、终身学习，是现代社会对个人的一项重要要求，也是个人生存与发展的必备能力。处于求学阶段的中学生，更是要从小形成正确的学习意识，掌握科学的学习方法，提高学习管理能力，为终身学习打下良好基础。特别是在新高考改革的背景下，走班学习成为教学新常态，学生更应该加强学习管理，尽快适应走班学习的节奏，以积极、主动的状态迎接新高考的挑战。

本节与同学们共同探讨终身学习的理念，帮助同学们形成制订学习目标的习惯，并针对不同的学习风格，为同学们提供一些有针对性的学习建议。同时，分析走班学习面临的挑战并提出应对之策，鼓励同学们积极适应走班学习，制订学习计划。

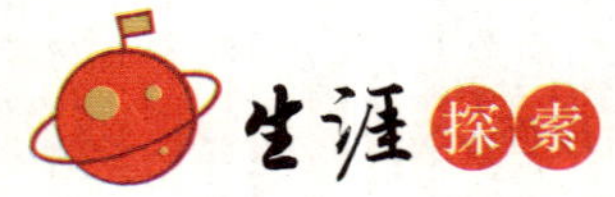

一、善于学习，终身学习

据统计，19 世纪人类知识总量每 50 年增加 1 倍；20 世纪前期，每 30 年增加 1 倍；20 世纪 70 年代，每 5 年就增加 1 倍；20 世纪 90 年代以来，这个速度进一步加快。由此可见，人类新知识总量正呈指数级递增。而与此相对应的是，人类知识的老化速度也越来越快，一年不学习，你所拥有的知识就会折旧 8%。所以，我们的学习过程不能仅限于求学阶段，而应是贯穿我们人生的始终，是一个必须终身持续的行为。

比尔·盖茨曾断言："21 世纪所有的成功者，都是终身学习者。"在这个知识爆炸的时代，任何人都必须形成善于学习、终身学习的理念。谁能快速精准地接收新知识、适应新环境，谁就能够更好地立足于社会。可以说，学习力就是竞争力。我们应该具备一种强烈的学习意识，抓住每时、每地、每事可能带来的学习机会，通过不断的学习求进步、谋发展，成为适应社会发展需要的人才。

二、高中阶段学习管理的常见问题

高中阶段，我们在学习管理方面常常会遇到以下几个问题。

1. 辨识不清个人的学习风格和学习特点，不清楚自己在学习上的优势、劣势，不知道自己的潜能所在，盲目跟从他人。

2. 不能正确认识个人学习的目的，或不知道该怎么设定学习目标，学习处于无目标、无计划状态，进而影响自己的学习态度和学习效率。

3. 没有掌握恰当的学习方法，没有磨炼自己的意志，缺乏良好的学习习惯。

三、明确学业目标

学业目标具有导向、激励、评价、反馈等功能，能够从根本上激发我们的学习动力，鼓励我们自主学习，提高学习效率。

（一）正确认识自己的学习现状

我们应客观了解自己的学习现状，包括各科学习成绩、学习上的优势与劣势、个人学习风格等。同时，要了解各门学科的教学计划和培养目标，并在此基础上制订合适的学业目标。

（二）制订学业目标

建议同学们根据自己的学习情况、兴趣特长，并结合新高考改革要求，制订学习目标，同时统筹兼顾思想品德、身心健康、艺术素养、社会实践等方面的目标。既要制订每天的学习计划，也要制订中长期的升学发展目标，把短期目标和中长期目标有序结合起来，使自己的学业目标清晰化、明确化、具体化。下面是某学生的学业目标规划表，仅供参考。

表 5.2　学业目标规划表

目标	描述	时限	调节
奋斗目标	成为著名外科医生	40 岁左右	任职于国内某著名医院
长期学习目标	成为国内或国际著名医科大学毕业的博士	30 岁左右	可以考虑出国留学
中期学习目标	综合素质高，担任主要班干部，在思想品德、学习能力、为人处事方面表现优秀	高一到高三	
	加强理科学习，获得省级以上生物学科竞赛一等奖	高二	
	以高分进入国家一流大学的一流医学专业，目标是北京协和医学院临床医学专业	高三	
短期学习目标	增加生物、化学选修	第一学期	
	参加学校科学探究社团，成为社团骨干	第一学期	
	加强人文课程学习，准备全国作文竞赛	第一学期	
	挑战数学难题	第二学期	

四、个人学习风格与高效学习方法

在学习过程中，每个人都会形成自己的学习风格和掌握一定的学习方法。例如，有的人习惯用“听”的方式接收信息，有的人喜欢动手操作来内化知识，有的人善于逻辑推理，有的人充满想象与创作灵感。只有了解了自己的学习风格，有针对性地采取相应的学习策略，才能有效提高学习效率和学习成绩。

（一）信息通道与高效学习方法

视觉、听觉、动觉是大脑的三个主信息通道，选对优势通道并让其与其他通道协调作用是提高学习效率的重要方式之一。

1. 视觉型学习者与高效学习方法

在学习过程中，视觉型学习者可以利用不同颜色的笔做标记、画重点；将听到的重点尽快转化为文字或图片；在语言学习中，学习者应通过直观、形象化的语言，使学习内容能在脑海中形成清晰的视觉图，同时辅之以其他视觉材料，如图片、影像等；快速阅读是视觉型学习者的强项，可以常常使用。

此外，视觉型学习者要加强对其他通道的训练，勤动手做课堂笔记，并且善用教学录影带等视听媒体，把学习的内容下载到电脑上反复播放，培养自己以听觉接受信息的能力。例如，学习英语，更要加大听力训练的强度。

2. 听觉型学习者与高效学习方法

听觉型学习者往往更容易通过听老师讲授、与同学讨论等口头语言方式接受信息；学习者在背书时大声朗读会达到事半功倍的效果；善用教学音频，或者把图像资料转化成音频资料进行播放，也可达到良好的效果。

听觉型学习者在训练其他通道时，要勤于动手，尝试把听到的信息有条理地呈现在书面上；多进行阅读练习，尤其是在学习语文、英语时，阅读练习是有必要的；尝试在头脑中想象文章内容的图像，增强记忆效果。

3. 动觉型学习者与高效学习方法

动觉型学习者可以通过角色扮演，模拟真实环境来加深对知识的理解；采用实地考察的方式进行学习，动手做实验，也能取得不错的学习效果；多发展需要直接参与具体活动的学科的兴趣，如电子技术、体育、艺术等。

动觉型学习者还应多进行以视觉、听觉获取信息的练习，以提高获取知识的效率。

（二）左右脑发展与高效学习方法

人的大脑左右两个半球分别主管着不同的智力和技能活动。科学家预言，两脑相比，右脑存在的潜力约为左脑的10万倍，如果左右脑协同活动，其效果会增大5倍，甚至更多。因此，我们在学习中应注重左脑与右脑的协调发展，这对高效学习有积极的促进作用。

1. 右脑思维学习者与高效学习方法

（1）想象法。表象联想可使需要先经过左脑再进入右脑的信息从一开始就直接记忆在右脑。如记英语单词“eye”，可将字母“e”想象成两只眼睛，把字母“y”想象成中间的鼻子来记忆。

（2）大声法。对声音和韵律的加工主要是右脑的功能，言语刺激可促进右脑对语言活动的参与。

（3）冥想法。科学研究表明，人脑有四个不同的工作状态：① β：完全清醒状态——清醒的大脑在13～25赫的波段上工作；② α：放松警觉状态——理想的学习状态，大脑在8～12赫的波段上工作；③ θ：睡眠的初期状态——瞌睡的大脑在4～7赫的波段上工作；④ δ：深度睡眠状态——深睡的大脑在0.5～3赫的波段上工作。与生活、学习有关的活动主要在意识层的 β 波和潜意识层的 α 波状态下进行。其中，在潜意识层的 α 波状态下的学习几乎是在不知不觉中进行的，大脑在放松警觉状态下学习是最理想的学习状态。在 α 波状态下，我们的专注力、记忆力、想象力、创造力等都可以得到大幅提升。

冥想是诱发 α 波状态的有效手段。若能把冥想变成日常有规律的活动，如每天一次，这将对我们的右脑开发大有益处。冥想的具体方式如下。

选择一个安静的环境，以轻松的姿势坐下，不必太拘泥于形式。然后，通过做腹式呼吸使心绪平静下来，排除杂念，面带微笑，以愉悦的心情自由地想一些令人愉快的事情或场景。例如，取得某项成绩后的欢快心情；曾经参加过的令人兴奋的、愉快的活动；曾经看到的美好景色等。联想和想象要尽可能具体、形象，也可浮想联翩，不约束自己。

2. 左脑思维学习者与高效学习方法

（1）培养逻辑思维能力。学习过程中要多思考，多问几个为什么。思考问题时，把问题写在纸上，列出问题的细节，逐一分析，把问题之间的逻辑关系梳理清楚，养成分析、推理的习惯，提升逻辑思维能力。

（2）培养阅读理解能力。养成良好的阅读习惯，经常阅读一些思辨性强、推理性强的文章，提高对语言逻辑的分析理解能力。

五、走班学习的对策

（一）走班学习面临的挑战

随着新高考改革的推进，越来越多的学校实行走班制教学。学生可以根据自己在学习能力、兴趣、潜能等方面的具体情况“选课走班”，每个学生都有属于自己的课程表。走班学习给予了同学们更多样的学习选择、更灵活的学习方式。

然而，没有固定教室、班级、班主任等走班学习出现的新情况，也让很多同学一时难以适应，出现了各种问题：有的同学觉得不能和同学长时间相处，感到孤单；有的同学觉得没有固定班级，缺乏归属感和集体荣誉感；有的同学感觉走班像打仗一样，上完一节课就得急匆匆地赶到下一个教室去，不能马上进行课后整理；有的同学发现身边选择同一科目的同学都很优秀，自己原本的优越感没有了，老师也不再特别关注自己了，情绪有些失落，甚至开始自我怀疑。

（二）应对走班学习的对策

新高考改革背景下，走班制模式将成为教学新常态。同学们必须学会自我调适，尽快适应走班制教学下的新学习和新生活。

1. 统筹安排学习时间

面对走班制快节奏的学习方式，有些同学一时无法适应，甚至产生了退缩和厌学的情绪。面对这样的挑战，我们必须学会统筹规划学习时间，根据学校课程开设的情况以及自己的兴趣爱好、学习水平等，选择不同层次的课程，制订个性化的课程表。同时，做好课前预习工作，例如，在前一天晚上把第二天的功课预习好，提高听课效率，以适应走班制的学习节奏。另外，建议同学们合理安排自己的作息时间，养成良好的作息习惯，确保以饱满的精神状态迎接学习。

2. 加强心理调适和自我激励

走班制是新高考模式下新的教学组织形式之一，同学们作为新高考的主人，要正视这个问题，不要惧怕或抵触，要积极乐观地看待走班学习，客观认识走班学习的利与弊，主动调整自己的学习状态和心理状态，增强环境适应能力。

此外，同学们要正确认识自我，不要因为新环境中高手如云而贬低或迷失自我，要学会自我激励，把关注点放在自己的优势和长处上，学会放下自卑或自负的“包袱”，轻装上阵，化压力为动力，努力提升自我，增强自信。

3. 学会合作学习和真诚互助

走班学习后，以前同一个班级的同学会分散在不同的教室里上课，同学之间的交往变少了，人际关系似乎变得疏远了，不少同学会因为陌生感倍增而变得无所适从。事实上，我们可以在走班学习中结识一批志同道合的朋友。

建议同学们积极主动与他人合作，加强小组学习或合作学习。我们可以和原班级选择了同一学科的同学组成学习小组，固定座次，一起学习，也可以和新班级的同学进行合作学习，互相帮助，共同进步。这样不仅有利于我们巩固知识，还能让我们收获真挚的友谊。

在合作学习过程中，我们要注意合理分工，让每个参与者都有各自的角色和职责，约定共同需遵守的规则，慢慢形成彼此认可的小组文化，进一步巩固小组的和谐关系。

4. 提高自主学习和自我管理能力

走班学习赋予了我们自主选择的权利，也要求我们具备自主学习和自我管理的能力。我们要充分调动自己的学习主动性，养成制订学习目标的习惯，以目标为导向，开展每一天的学习活动；在学习活动中，要自觉做好预习、听课、复习等学习任务，按时完成学习任务，确保每节课、每一天的学习质量；同时，学会对自己的学习状态和学习过程进行反思与调节，通过不断自我调节与完善，逐渐适应走班学习的节奏，努力提升自己的学习效率和学习成绩。

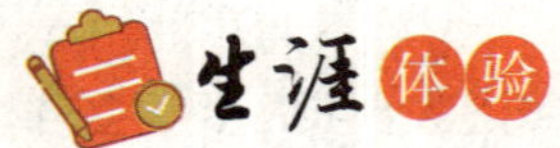

我的学习目标方案

制订学习目标方案是完成学习任务的首要环节，也是提高学习效率的先决条件。在开展学习活动之前，我们必须明确自己的学习目标，并制订比较详细的学习计划，对自己的整个学习过程做到心中有数。

接下来，请你认真阅读“案例分析”，看看案例中的这名同学是如何制订自己的学习目标方案的，并进一步思考和制订适合自己的学习目标方案，逐步养成为定目标、做计划的好习惯。

（一）案例分析

上周三，老师要求大家写一篇读书报告，直到这周二晚上，东明才用了一个小时的时间写报告，他没有提前打草稿、做准备，而是直接将自己一些零散的想法写在纸上，完成后也没有做任何修改就上交了。结果，他的读书报告只得到 10 分中的 4 分。

这周三，老师又布置写一篇读书报告，此时的东明该如何制订学习目标方案，帮助自己在这次的作文中表现得更好呢？

下面是东明为自己制订的学习目标方案。

1. 我的学习目标方案

<table>
<tr><td>姓名：东明</td><td>日期：9 月 15 日</td></tr>
<tr><td colspan="2">任务的详细信息</td></tr>
<tr><td>明确任务是什么</td><td>写一篇读书报告</td></tr>
<tr><td>该任务的具体要求是什么</td><td>从老师给出的文章中选择一篇进行阅读并写出相应的读书报告。读书报告要用手写体写在 2 ～ 3 页稿纸上，字数在 800 ～ 1 000 字。读书报告的评分标准包括对内容、组织、清晰度和趣味性等不同方面的要求</td></tr>
<tr><td>可以利用的资源有哪些</td><td>利用相关工具，查阅资料；借鉴优秀范文等</td></tr>
<tr><td colspan="2">关于该任务，自身已有的相关经验</td></tr>
<tr><td>完成该任务的优势与劣势</td><td>我不擅长写作，也很难将自己的想法表达清楚。但我喜欢读书，特别是侦探方面的书。大量的阅读让我掌握了丰富的词汇，这也许对写作有用</td></tr>
<tr><td>平时完成该任务过程中的表现有哪些</td><td>我不喜欢写读书报告，常常拖到最后的期限才完成，往往不做任何修改就把草稿交上去充数，导致读书报告的分数不高</td></tr>
<tr><td colspan="2">我的学习目标</td></tr>
<tr><td>学习目标</td><td>写一篇 800 ～ 1 000 字的读书报告</td></tr>
<tr><td>期待分数</td><td>9 分</td></tr>
<tr><td colspan="2">可使用的策略</td></tr>
<tr><td>策略一</td><td>观念生成的提问——一种打草稿的策略，应用问题来刺激自己产生想法，如这篇文章主要讲了什么，事情的主人公是谁，事情发展的顺序是怎样的，作者的写作目的是什么，作者的写作风格如何等</td></tr>
<tr><td>策略二</td><td>变换句子结构——试着让文章的每段都有不同的结构，尝试使用不同的句式，从简单句到复合句再到复杂句</td></tr>
<tr><td>策略三</td><td>模仿作家——挑选一名优秀作家，然后尝试模仿该作家的写作风格，重新撰写自己的报告</td></tr>
</table>

2. 我的写作目标方案

日期	完成事宜	所需时间	可选用的策略
第一天	选择文章	10 分钟	根据文章的题目选择比较有趣的文章来写读书报告
第二天	对所选文章进行阅读	30 分钟	精读文章，重点把握文章的写作脉络、写作风格、写作主旨等要素，对生词、难句可适当略过
第三天	撰写读书报告草稿	45 分钟	应用观念生成策略
第四天	对读书报告进行初步修改	20 分钟	对比原著阅读草稿，对读书报告的句式、结构进行初步修改
第五天	对读书报告进行再次修改	20 分钟	使用自我编辑的策略，反复阅读自己的读书报告，对其进行再次修改
第六天	定稿	20 分钟	将报告工整地誊写到作文纸上
第七天	交作业		在记事本中提醒自己准时提交

东明的读书报告写作目标方案完成了，里面有详细的目标内容、时间阶段、应对策略。接下来，东明只需要按照目标方案来逐项完成即可。

（二）活动：制订你的学习目标方案

通过以上的学习，你是否对制订学习目标方案的步骤和方法有了比较清晰的认识？接下来，请你根据自己的学习任务，为自己制订一份学习目标方案吧。

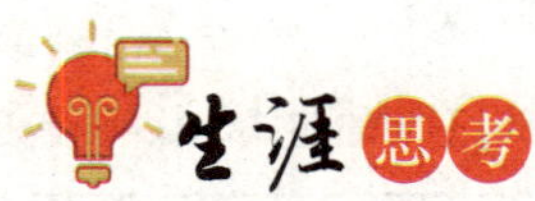

1. 你有制订学习目标方案的习惯吗？如果有，请分享一下你的心得与感悟。如果没有，请从现在开始，学会为自己制订学习目标方案。

2. 你知道自己属于哪种学习风格吗？请根据自己的学习风格，制订适合自己的学习策略。

3. 你认为应该如何更好地适应走班学习？请与同学分享你的观点。

第三节　时间管理

导语

进入高中后，繁重的学习任务让我们压力倍增，每天忙得晕头转向，学习效果还不一定好。反观一些被称为“学霸”的学生，他们似乎一直表现得游刃有余，不仅每天出色地完成了学习任务，还能抽出时间来运动、娱乐。为什么会有这么大的差距呢？其主要原因在于我们是否珍惜时间、善用时间，是否具备良好的时间管理能力。

本节将介绍时间的内涵和特点，启发同学们要珍惜时间，并分享一些实用的时间管理方法，特别是就如何度过周末与寒暑假等问题提出建议，引导同学们在有限的时间里更快、更好地做事情、出成效。

一、认识时间

（一）时间是公平的

每个人每天拥有的时间都是一样的，24 小时，不多不少。

（二）时间是相对的

看电影的人和背单词的人最能理解时间的差异，虽然他们经历了同样多的时间，但是认知与个人体验差之千里。

（三）时间是有限的

现代著名作家朱自清在散文《匆匆》中说过：“洗手的时候，日子从水盆里过去；吃饭的时候，日子从饭碗里过去；默默时，便从凝然的双眼前过去……”唯有将有限的时间合理分配、高效利用，才能为自己的未来赢得时间。

二、认识时间管理

（一）什么是时间管理

时间管理是指利用一系列技能或方法来完成明确的计划和任务，实现一定的目标。时间管理的内容主要包括：制订计划、设定目标、分析花费的时间、记录时间的分配情况、确定事情完成的优先次序等。

最新的时间管理理念（GTD 理念）认为，只有将心中所想的事情都写下来并且制订下一步的计划，才能够做到心无杂念，才能全力以赴地做好目前的事情，并提高做事效率。管理好时间对我们的学习至关重要。

（二）学会做时间的主人

张立勇，北京张立勇青年励志工作室创始人、中国青少年责任与成长大讲堂组委会主席、共青团北京青春梦想志愿者协会理事。由于家境贫寒，张立勇在高二时便辍学，开始了打工生涯。多次求职碰壁后，他意识到了知识，特别是英语的重要性。1996 年，张立勇成为清华大学第十五食堂的一名普通厨师。在清华当厨师期间，他经常利用业余时间自学英语。为了抽出时间学习，张立勇总是跟时间赛跑。食堂规定，在给学生卖饭前，厨师们先吃，但吃饭时间只有 15 分钟，他花 7 分钟吃完饭，剩余 8 分钟时间躲在厨房的碗柜后面背英语。经过努力，张立勇先后通过了国家英语四、六级考试。2001 年，张立勇还参加了托福考试，并获得了 630 分（当年的托福总分是 677 分）的高分。

这个案例告诉我们，我们要形成良好的时间观念，学会珍惜时间、善用时间。时间管理上有一个著名的“一分钟哲学”：财会人员一分钟能数 300 张人民币，高速火车一分钟能开 5 000 多米……一分钟可以做很多事情，反过来说，浪费一分钟，我们会错过很多事情。时间是重要且有限的资源，它会伴随我们一生，任我们随意支取。但是我们无法阻止时间流逝，只能倍加珍惜时间，充分利用好每一分钟，成为时间的主人。

三、管理时间的方法

（一）目标设定法

若要有效地管理自己的时间，第一步就是要给自己设定明确的目标。目标有长期目标、中期目标、短期目标，我们可以根据目标规划来管理时间。给每一个目标设定时限，就是对时间的一个管理过程。例如，放学回家后，你可以对晚上这段时间设定具体的目标和分配相应的时间。

（二）时间管理的四象限法

时间“四象限法”是美国管理学家科维提出的一个有关时间管理的理论。他把工作按照“重要”和“紧急”两种不同的程度进行了划分，基本上可以分为四个“象限”：紧急又重要、重要不紧急、不紧急不重要、紧急不重要（图 5.2）。

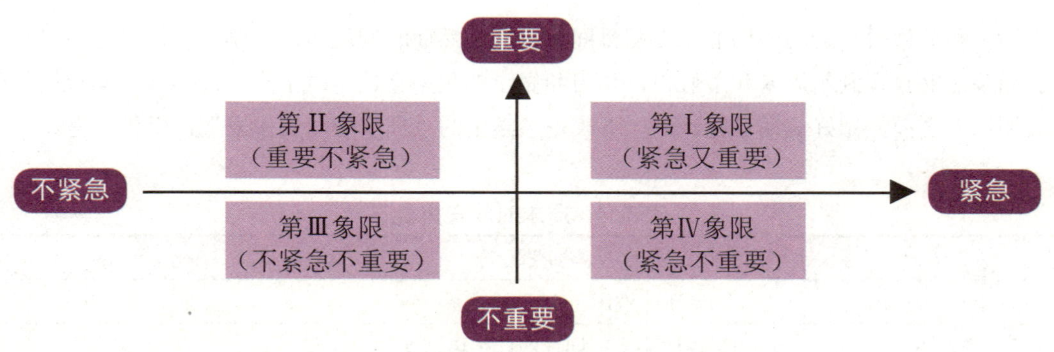

图 5.2　时间“四象限法”图

第Ⅰ象限是紧急又重要的事情，要优先解决。

第Ⅲ象限是不紧急不重要的事情，我们要尽量少做或者不做。

第Ⅱ象限和第Ⅳ象限最难以区分。第Ⅳ象限因为很紧急，所以很多人会错误地认为它很重要，浪费了大量时间来处理。准确区分第Ⅱ、第Ⅳ象限，可以借助一个标准，即按照自己的人生目标和人生规划来衡量这件事的重要性。如果它重要，就属于第Ⅱ象限的内容；如果它不重要，就属于第Ⅳ象限的内容。如表 5.3 所示。

表 5.3　紧急重要事项表

	紧 急	不紧急
重 要	举例： • 临近的考试 • 明天要交的作业 • 即将到来的演讲比赛 原则：越少越好 应对：立即去做	举例： • 准备下个月的考试 • 学习新知识 • 保持健康 原则：有计划地去做 应对：分解目标，做好计划，先紧后松
不重要	举例： • 打电话 • 朋友突然来访 • 拿快递 原则：灵活处理 应对：交给别人做 / 降低标准	举例： • 漫无目的地浏览网页 • 玩游戏 • 闲谈 原则：不能沉溺 应对：尽量少做或者不做

第Ⅳ象限因为它的紧急性，往往使人们难以脱身。有时候，做第Ⅳ象限的事情意义并不大，所以我们必须想方设法走出第Ⅳ象限。相反，第Ⅱ象限的事情很重要，如有充足时间去准备，我们要专心地把它做好。可见，做好第Ⅱ象限，我们才会获得最大回报。

（三）周末、节假日的时间管理

周末和节假日留给同学们的可支配时间比较多，然而时间越多，同学们反而越茫然。事实上，如果能够合理利用周末和节假日，学习和做事的效率会比平时上学时高得多。建议同学们在假期到来之前，做好假期目标计划。下表是某学生的“周末时间安排表”，仅供参考。

表 5.4　周末时间安排表

星期六上午	
7：00 ～ 7：20	起床、洗漱（和平时一样）
7：20 ～ 8：00	背记英语单词、朗读英语课文
8：00 ～ 8：15	吃早餐
8：20 ～ 10：00	复习本周学过的知识、写作业
10：10 ～ 11：00	阅读课外书籍
11：10 ～ 12：00	上网搜集感兴趣的资料
12：00 ～ 12：15	吃午饭
12：20 ～ 13：30	午休
星期六下午	
13：50 ～ 18：00	自由活动（如阅读课外书、户外活动、赴同学约会等）
18：10 ～ 20：00	看电视
20：10 ～ 21：30	查漏补缺或预习下周的学习内容
21：50	洗漱、睡觉
星期日（基本同星期六）	

寒暑假的时间比较长，同学们要提前思考假期里最想做什么，必须完成什么任务，希望达到怎样的效果。找到假期的重点目标，把它们罗列出来，合理地安排每个目标的具体完成时间，然后根据目标规划逐一完成。下表是“假期重点目标规划表”样表，仅供参考。

表 5.5　假期重点目标规划表

项 目	目标内容	时间安排	已完成	未完成情况 （原因？如何改进？）
学 习				

续表

项 目	目标内容	时间安排	已完成	未完成情况 （原因？如何改进？）
兴趣爱好				
休闲娱乐				
社会实践				
家务劳动				
……				

（四）“生物钟”管理法

人们都有一种叫“生物钟”的生理机制，也就是从白天到晚上的一个24小时循环节律。如果能够顺应“生物钟”来科学安排学习、生活，我们将受益匪浅。

下面是一些专家在大量观察实验的基础上总结出来的规律，仅供参考。

一天之中，上午九点到十一点为最佳用脑时间，因为上午十点是人的精力最为充沛的时候，适宜安排脑力工作；下午五点左右，锻炼身体效果最好，我们可以利用这段时间进行体育锻炼，强身健体；晚上十点开始，生物钟进入“低潮”，效率降到最低，此时到第二天清晨五点左右是睡眠的最佳时间。建议同学们在这个时间段上床睡觉，不要熬夜学习，也不要贪玩晚睡，要保证充足且高质量的睡眠，为第二天的学习和生活养精蓄锐。

我的24小时

时间管理是要培养我们珍惜时间、善用时间的意识和能力，它来源于我们生活的点滴积累，我们可从用好一天的24小时，从过好每一天开始，逐渐形成时间管理的好习惯。

（一）记录我的时间

你是不是常常感觉时间不够用，每天总有做不完的事情？时间都去哪儿了？请你试着将一天 24 小时做的所有事情记录下来，越详细越好，以便更好地发现自己在时间管理上存在的问题。

（二）统计我的时间

请你根据时间记录表，把你的时间按照不同事务类型分类整理和统计出来。

1. 睡觉时间：________________

（午睡，上课、自习、课间睡觉等）

2. 上课时间：________________

（认真听课的时间）

3. 自学时间：________________

（自习课的自学时间及课余的自学时间等）

4. 吃饭时间：________________

5. 走路时间：________________

6. 日常事务时间：________________

（包括洗漱、洗澡、洗衣服等）

7. 休闲娱乐时间：________________

（包括聊天、运动、上网、看电视等）

8. 其他事务时间：________________

……

（三）分析我的时间

1. 你觉得是哪些“窃贼”“偷”走了你的时间？

____

____

____

2. 你打算如何调整自己的时间表，改进自己的时间管理方式？

____

____

____

（四）管理我的时间

请你尝试使用时间管理的“四象限法”来设计一天的时间表，并付诸行动。

日期：　　月　日，星期				
起床时间：			入睡时间：	
时间段	任务栏（学科、其他）	重要程度	时间限制	实际完成情况及原因
上午				
中午				
下午				
晚上				
任务执行满意度：非常满意（　）　一般满意（　）　不满意（　）				
值得夸奖的事情：				
重点要改进的地方：				

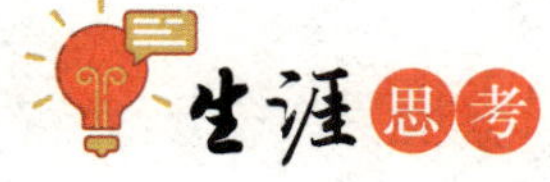

1. 谈谈你对时间的认识。

2. 你常用的时间管理方法是什么？请与同学们分享自己在时间管理方面的成功经验或失败教训。

3. 你打算如何安排自己的寒暑假时间？请向同学们介绍自己的假期时间安排表。

第四节　情绪管理

著名心理学家弗洛伊德曾说：“学会掌控自己的情绪是成为文明人的基础。”情绪虽然没有好坏之分，但是负面情绪会对个人的身心健康、学习、工作等造成不良影响，情绪的失控更有可能给自己与他人造成伤害。特别是对正处在人生观、世界观形成关键期的中学生来说，其心理健康与否很大程度上依赖于情绪管理得当与否。学生只有学会调控个人情绪，形成比较稳定、健康的情绪状态，才能有效提高自身的心理健康水平，获得积极、正面的成长体验。

本节将介绍情绪和情绪管理的基本特点和重要意义，分析高中生的情绪特点，并分享一些科学的情绪调控方法，帮助同学们加强情绪管理，提高情绪管理能力，努力成为情绪的主人，避免被情绪所左右。

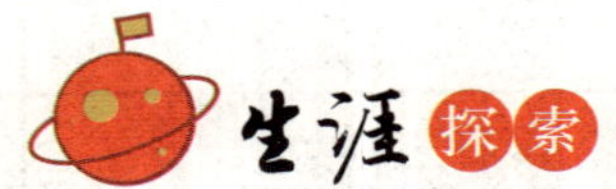

一、认识情绪和情绪管理

（一）什么是情绪

情绪是人对客观事物是否符合个体需要、满足个体愿望所产生的一种态度体验。每个人都有情绪，如婴幼儿就是通过哭、喊、笑等情绪来表达自己的态度的。快乐、愤怒、恐惧和悲哀是人的四种基本情绪。

（二）什么是情绪管理

情绪管理是指在情绪认知的基础上，适时、适地对自己的情绪进行适度的管理。它包括如何进行自我安慰；如何摆脱受外界因素影响所带来的消极情绪；如何走出失败的阴影，保持积极的心态等。

（三）情绪管理的意义

有这样一个故事。

一个脾气很坏的男孩总是冲动易怒，于是他的父亲给了他一袋钉子，并且告诉他，当他想发脾气的时候，就钉一根钉子在后院的围墙上。第一天，这个男孩钉下了40根钉子。然后，男孩开始有意识地控制他的情绪，不再乱发脾气，每天钉的钉子也跟着减少了。渐渐地，他发现控制自己的脾气比钉下那些钉子来得容易一些。

一段时间以后，父亲告诉男孩，现在开始每当他能控制自己脾气时，就拔出一根钉子。一天天过去了，男孩终于把所有的钉子都拔出来了。于是，父亲牵着他的手来到后院，指着墙壁告诉他："孩子，你做得很好。但看看那些围墙上的坑坑洞洞，这些围墙将永远不能恢复从前的样子了，当你生气时所说的话就像这些钉子一样，会留下很难弥补的疤痕，有些是难以磨灭的！"男孩若有所思，他终于明白了管理情绪的重要性。

在日常生活中，我们有着丰富的情绪体验，积极情绪会对我们的人生产生正面影响，而消极情绪则可能给我们造成伤害。因此，我们必须学会管理自己的情绪，而不是被情绪左右。具体而言，情绪管理的意义主要有以下几方面。

1. 情绪管理有利于促进身心健康

愉快而平稳的情绪，不但能使人的大脑处于最佳的活动状态，提高脑力和体力劳动的效率，还可以提高机体免疫系统的功能，增强对疾病的抵抗力。此外，同学们在日常生活中难免会遇到各种压力和挫折，这时，正确处理忧郁、焦虑等各种情绪就极为关键。学会管理情绪，能使同学们自如地处理各种不良情绪，促进心理健康。

2. 情绪管理有利于提高学习效率

情绪和智力的发展有密切的联系。研究表明，在愉快和沮丧这两种不同的情绪状态下，记忆效率有极为明显的差异。因此，培养良好的情绪能使我们更专心于自己的学习，提高学习效率。此外，心理学研究发现，焦虑程度与学习效率之间的关系呈倒U型曲线关系，适度的焦虑可以提高我们的学习效率，焦虑程度过高或过低都不利于取得最佳的学习效果。

3. 情绪管理有助于维持良好的人际关系

情绪在人际关系中起着极为重要的作用，积极的情绪能够帮助我们有效地和同学、老师进行沟通。学会尊重、关心他人，能促使我们主动地寻求与对方的相似之处或共同话题，创造出良好气氛。因此，一个人如果拥有积极稳定且适度的情绪反应，他在人际交往中是很受欢迎的。

4. 情绪管理有利于培养良好的道德品行

积极健康的情绪，能够让我们有效避免情绪失控或过激行为，促使我们形成良好的道德情操和文明礼仪，帮助我们更好地适应社会、享受生活。

二、高中生的情绪特点

高中阶段，学生正处于成长的黄金期，情感体验日渐丰富，自我认知水平也在不断提升，学生从年幼时对情绪的懵懂与放任，逐渐发展到学会体察、表达和控制自己的情绪。这个阶段，学生的情绪反应和表达方式是复杂且多变的，如下图所示。

图 5.3　高中生情绪特点图

随着我们的成长，社会、学校和家庭都对我们提出了更高的要求，学习任务日渐繁重，人际关系趋于复杂，这些变化常常让我们备感压力，一些消极、负面的情绪也随之产生。负面情绪的累积会对我们的学习和生活产生不利影响。因此，我们需要有意识地进行情绪调控，提高自身的情绪管理能力，以积极、平和的情绪状态，更好地应对学习、生活带给我们的情绪困扰。

三、情绪管理方法

事实上，情绪本身并无是非、好坏之分。每一种情绪都有它的价值和功能，关键是我们如何进行情绪管理，成为情绪的主人。下面介绍一些常用的情绪管理方法，仅供参考。

（一）体察并接纳自己的情绪

情绪管理的第一步是要体察并接纳自己的情绪。我们不妨有意识地记录自己每天的情绪变化：今天心情如何？为什么会产生这种情绪？当情绪来临时，自己是怎么表现的？

情绪没有好坏之分，只要是我们真实的感受，就要学会正视、接受它，并找到引发情绪的原因。这样我们才有机会管理好自己的情绪，做情绪的主人。

（二）转换视角——ABC 理论

美国心理学家艾利斯认为，人们对逆境的情绪反应不在于逆境本身，而在于对逆境的不合理认识。他用 ABC 合理认知法来概括这一观点：A 是指诱发性事件；B 是指个体在遇到诱发性事件之后产生的看法和评价；C 是指特定情景下，个体的情绪及行为结果。

通常，人们认为人的情绪的行为反应是直接由诱发性事件 A 引起的，即 A 引起了 C。ABC 理论指出，诱发性事件 A 只是引起情绪及行为反应的间接原因，而人们对诱发性事件所持的信念、看法、理解，也就是说 B 才是引起人的情绪及行为反应的更直接的原因。

例如：

A（事件）	B（想法）	C（情绪）
同学为我起搞笑的绰号	说明我很受欢迎！	坦然、愉悦
	他们又在捉弄我！	沮丧、无奈
	太粗鲁、太无聊了！	烦恼、生气

这个理论告诉我们，决定人的情绪是积极的还是消极的，不是现实生活本身，而是人们对现实生活的看法和理解。凡事只要换个视角，刚才看到的是阴影，转眼可能就是灿烂阳光了。

（三）转移注意力

当我们遭受负面情绪侵扰时，大脑中往往会形成一个较强的兴奋灶，当兴奋中心转移了，也就是注意力转移了，负面情绪自然也就消除了。面对压力时，我们不能一味地硬扛，而应把注意力转移到使自己感兴趣的事情上，如听音乐、看电影、读书等；也可以有意识地给自己安排一些工作，使自己的注意力集中在繁忙的工作上而忘记忧愁；当我们在原有的环境中难以排解负面情绪时，不妨出去走一走，换个环境或许有助于情绪的疏解。

（四）适当表达与倾诉

当身边的人的行为、语言让你产生了情绪，最好用适当的方式让对方知道。这样既能排遣你的情绪，消除自己心里的芥蒂，又能让对方明白他的哪些言语或者行为给你带来了困扰，还能让自己得到一些安慰、开导以及解决问题的建议。反之，如果我们把所有情绪“垃圾”都埋在心里，就会被负面情绪压得透不过气来。

所以，我们要学会倾诉，主动找亲人、朋友谈心，把情绪“垃圾”倒一倒，你会感觉压力骤减。相信你的亲人和朋友也很愿意成为你的“树洞”。

（五）积极的自我暗示

自我暗示，可以调整我们的心境、情绪、感情，甚至对爱好、意志力乃至能力也能起到非常积极的作用。多给自己灌输积极的暗示，赞美自己、鼓励自己，是每一个自爱、自强的人给自己的最好的礼物。自我暗示的技巧如下：

选择舒适的椅子坐下，背部轻轻靠在椅子上，头部挺直，稍稍前倾，两脚摆放与肩同宽，脚心贴地；两手平放在大腿上，闭目做腹式呼吸5次，排除杂念，把注意力引向两手和大腿的边缘部位，再集中到手心；你会感到注意力最先指向的部位慢慢地产生温暖的感觉，然后逐渐扩散到整个手心。这时，你可以在心里反复默念事先准备好的暗示语，比如“我喜欢数学，我一定能学好数学”“这次考试一定会考出好成绩”等。一段时间后，睁开眼睛，你会感到全身轻松，头脑清醒，精力充沛。

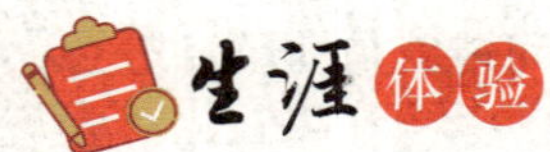

情绪体验活动

你是否认真感知过自己的情绪变化？当负面情绪来临时，你通常采用什么方式应对，效果如何？接下来，请你通过参与本次活动，对自己的情绪进行一次认真的感知与梳理吧。

（一）回忆情绪事件

回想一件最近困扰你并让你产生消极情绪的事件。仔细思考一下，是什么原因让你产生了消极情绪。

（二）小组分享

两个人一组，其中一个同学先说出当前的困扰事件和想法，另一个同学向对方询问以下

5 个问题。在第一个同学认真回答问题后，两人互换角色。

（1）你担心或者困扰的事件真的发生了吗？除了你担心的结果之外，还有没有可能产生其他结果？

（2）曾经让你担心困扰的事件，你用过什么方法来处理？这些方法起了什么作用？

（3）你为什么会用这些方法来处理困扰你的事件？

（4）对于让你担忧或困扰的事件，你的亲朋好友给过你什么建议？

（5）你觉得需要借助哪些资源来帮助你走出这个困境？你将如何找到这些资源？

（三）思考与总结

想一想：当同学问你这些问题的时候，对照你一开始的那些担心或困扰，有没有一点不同呢？如果有，具体是什么？

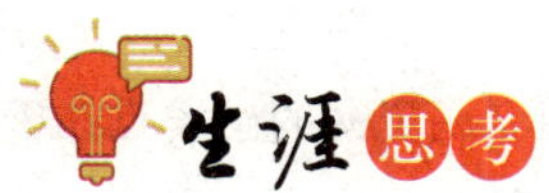

1. 情绪有好坏之分吗？谈谈你的看法。
2. 你常用的情绪调控方法有哪些？效果如何？
3. 仔细回想最近一周你的情绪变化，然后仔细分析你的情绪状态和应对策略。

第五节　资源管理

在同学们的生涯发展过程中，无时无刻不需要利用自己周围的可用资源，例如家庭资源、学校资源、人际资源等。既然是资源，就需要管理。只有通过有效的管理，同学们才能最大限度地发挥资源的作用。学会合理利用各种资源，我们才可以找到通往成功的更快、更稳、更便捷的通道。在成长的道路上，同学们不需要做“孤胆英雄”，也不可能一个人“战斗”。

本节将向同学们介绍身边一些重要的、可利用的，甚至可能被我们忽略的资源，引导同学们重视对资源的有效利用，掌握资源利用的有效方法，学会将身边的资源转化成自己追求成功的“利器”，让人生如虎添翼。

一、家庭资源

家庭资源是与同学们关系最近、最便于使用的资源，例如父母的经济支持、长辈的生活经验、亲戚的人脉关系等，都可以成为同学们生涯发展的有力支持。但是，如果过分依赖父母或亲人，反而不利于同学们的健康成长。因此，同学们要利用好家庭资源来满足自身的成长需要，要学会与家长沟通，树立正确的教育观和学习观。

一方面，同学们要学会自己的事情自己做，养成独立自主、自立自强的行为习惯和道德品质，不过分依赖家长。

另一方面，同学们要学会正确利用家庭资源，坚持合法、适度原则，不能投机取巧、弄虚作假，不能侵占他人的机会或获取不公平的评价。

同学们必须清楚地认识到，利用家庭资源的出发点在于促进自我成长，而不是为了一些功利目的。例如，同学们利用父母的人脉关系，到父母联系的单位进行社会实践，应该更加严格要求自己，踏踏实实、认真负责地完成实践任务，锻炼自己的综合能力，而不是简单地拿到一个实践单位的盖章证明就了事，否则根本起不到任何促进个人成长与发展的作用。

家庭为同学们的成长创造了一定的资源和便利条件，而同学们应该学会珍惜和合理利用家庭资源，真正实现家庭教育的育人功能。

二、中学资源

（一）调整心态，提高学校认同度

学校是同学们学习的主要场所，也是促进同学们发展的重要资源。如果想要有效利用学校资源，就要增强同学们对自己所在学校的认同感和自豪感，更好地融入学校环境，继而提高学校资源的利用率。

很多同学会以“重点”“非重点”“名牌”“非名牌”等标准来简单定义一所学校。有的同学进入一所“非重点”中学，就觉得自己前途渺茫了。从表面上看，不同学校的办学条件、师资力量、升学机会不尽相同，学校环境确实对学生未来发展有着重要的影响。但是，真正决定同学们成长质量和发展方向的是同学们自己。随着新高考改革的推进，自主招生取消了学校推荐，改为学生自荐。这个改革趋势在提醒同学们，不要再为自己所在学校的名气和地位担心了，决定成败的关键在于同学们自身的成长情况。

而且，同学们必须考虑自己的实际能力是否与学校教学要求相匹配，如果没有相应的能力，反而会因为自己无法适应学校的教学模式和教学要求而导致学业失败。

是认同学校、努力融入学校环境，还是抱怨学校、始终与学校格格不入，两种截然不同的态度会使我们的成长得到完全不同的结果。因此，建议同学们调整好心态，努力适应学校环境，融入集体生活，这是有效利用学校资源，在学校获得成长与发展的基础。

（二）学会利用教师、同学资源

1. 学会利用教师资源

教师是非常重要的学校资源。我们要学会尊重、信任老师，和老师建立良好的师生关系，平时多找机会和老师沟通，交流学习上或者生活上遇到的困难。在教师节等重要节日时，可以送上自己亲手制作的小礼物，向老师表达谢意。

我们切忌以个人喜好来评价老师。例如，不要因为不喜欢某位老师的讲课方式，就排斥这位老师的课，继而影响听课效果和学习效率。每一位老师都有自己的特点和优势，我们要善于发现和学习老师的过人之处。

在求学的过程中，建议同学们在学校结交一位教师朋友，让他成为你的良师益友，在你成长的关键时期给予你更专业、更全面的指导，为你的生涯规划和职业发展提供更切实可行的建议。

此外，我们不仅可以向校内的老师请教，也可以寻求校外老师的指点。例如，在网上学习中学名师、大学名师的公开课；浏览名师的微博和微信公众号；利用网络平台向社会名师进行在线咨询等。只要我们把眼界和心态放开，就可以收获更广泛的教师资源，再结合自身的努力，就能实现个人的成长与发展。

2. 学会利用同学资源

同学之间的相互学习与感染，其重要程度不亚于向教师求教。我们要善于发现和学习身边同学的优点，这是非常重要的学习途径。假设每个同学身上都有一个优点，十个同学就有十个优点值得我们学习，这将是难以预估的、十分珍贵的资源。因此，我们要在集体中建立良好的人际关系，学会关心他人、帮助他人，以真诚和友善待人，为自己赢得好人缘。

同时，建议同学们主动结交一些积极上进的朋友，他们会以自身积极进取、力争上游的品质和行为，时刻激励和鞭策你前进。那么，怎样的人才算是积极上进的人呢？方舟老师告诉我们：“他不一定是学习成绩最好的，但一定是热爱学习的，拥有良好学习习惯的；他不会上课时拉着你说话，课余时拉着你玩，甚至带你逃课去玩游戏，而是经常与你探讨学习方法、学习技巧，与你共同学习、共同进步。”

三、高校资源

在很多同学的感知里，大学是一座无法触及的“象牙塔”，只有走过了高考的“独木桥”，才有机会近距离接触它、享受它的资源。实际上，现在很多大学都是开放式的，而且大学教学与中学教学的联系也日益紧密，中学生完全有机会使用到高校的有用资源。利用大学资源的方式，主要有以下几种。

（一）参加大学讲座

大学讲座的主题包罗万象，理工类、人文类、社会科学类等，这些讲座对拓宽我们的视野、培养我们的思维能力等都大有益处，而且这些讲座大部分是免费的、公开的。只要点开大学的网站，你就可以看到学校每天的讲座信息。我们可以根据个人兴趣和实际情况，选择空余时间到大学去听讲座。在听讲座的过程中，我们还有机会向讲座嘉宾请教问题，甚至询问其联系方式，以便今后有机会与其进一步沟通，从中受益更多。

（二）利用大学图书馆和实验室

大学中最常被学生利用的资源是图书馆。一般而言，大学图书馆的藏书量比中学图书馆（图书室）的藏书量大得多，而且大学的图书馆基本上都是开放的，中学生也可以进去阅读书籍，甚至有的大学还允许中学生借阅图书。所以，如果你想读到更多好书，可以到大学图书馆去。此外，在大学图书馆，你还有机会结交大学生朋友，得到学长、学姐的指点。

另外，大学实验室也是很好的资源。现在很多大学实验室都允许中学生去参观，以增加中学生对大学的了解。还有些大学的实验室对外开放，中学生可以在里面做独立的实验设计。如果你想要到大学进行实验操作，不妨向你所在城市的大学咨询一下。

（三）利用大学开放课程平台

为了提高大学教学质量，我国从2003年开始建设国家精品课程。所有国家精品课程都集中在国家精品课程平台上。我们只要登录网站，点击相应课程，就可聆听大学名师讲课。美国的麻省理工学院已将全校近2 000门核心课程对外公开，全世界的学生都可以共享这些教学资源。通过大学开放课程平台，我们可以与大学教授在线交流，也可以提前学习一些大学通识教育课程，这对提升中学生的能力和素养大有裨益。

四、社会资源

生涯规划和生涯发展是一个复杂的系统化工程，仅靠学校、家庭的力量是不够的，还必须充分利用社会资源，帮助学生拓展生涯探索与体验的机会和渠道，拓宽视野、提高整体素质。

（一）合理利用培训资源

如果能够理性选择、合理利用，社会培训机构的培训资源将会成为学生高效学习的一大助手。对中学生来说，除了学科培训，还应关注网上免费课件资源和公益讲座资源。例如，国外大学的开放课程资源，还有图书馆讲座、少年宫讲座等，这些资源能够极大丰富学生的课外知识，开阔学生的眼界，激发学生的思维力与创造力。

（二）有效利用社会教育活动场所

社会教育活动场所包括博物馆、图书馆、科技馆、展览馆等，每一个活动场所都有其特点和使用价值，建议同学们利用闲暇时间，多去这类场所走走、看看，你会发现这些“宝库”正等着你去发掘，从中收获知识财富。

（三）学会利用社区资源

社区也是重要的社会资源，我们可以成为社区服务志愿者，参与社区建设与管理，做一些力所能及的服务社区的事情。这将是我们自身成长的重要体验，也是培养我们思想品德和社会实践能力的有效途径。

此外，我们可以利用社区环境和邻里关系，扩大自己的课余活动范围，丰富自己的课余生活。例如，组织同社区或周围社区的孩子一起读书、打篮球等。同学们可以以社区为单位，扩大自己的人际圈，丰富自己的人际体验，让自己的生活更加丰富多彩。

五、人际资源

（一）认识人际资源

人际资源主要来自学生家庭及其在生活、学习和人际交往中所认识的人。善用人际资源，建立良好的人际关系，将有利于促进我们学习、生活的顺利开展，也为我们的生涯发展提供和谐的氛围与环境，还能使我们在心理上获得归属感与安全感，促进我们人格的健全发展。

（二）高中生面临的主要人际关系和应对策略

高中生面临的主要人际关系有师生关系、亲子关系和同学关系。面对不同的人际关系，中学生可能会遇到不同的人际交往问题，需要采取相应的、有针对性的相处策略，如表 5.6 所示。

表 5.6 人际关系应对策略表

类 型	常见问题	主要原因	相处方法
师生关系	是否喜欢某学科教师决定是否喜欢该学科	高中生对人、对事、对生活都开始有了自己的看法，但不够理性与成熟	尊重老师，尊重老师的劳动
			勤学好问，虚心求教
			正确对待老师的过失，委婉地向老师提意见
			勇于承认并及时改正错误
亲子关系	叛逆，不愿受到家长束缚	高中生的自我意识和独立性增强，渴望独立，不希望别人过多地干涉自己	对父母的态度要温和，不采取偏激的行为方式
			具有一定的独立能力，让父母放心
			保持自己的独立性，但不要忽略与父母的交流与沟通
同学关系	同学关系不融洽，又不知道如何修复关系	人际交往需求强烈，但又以自我为中心	主动交往，不要退缩
			观察大家的共同话题
			善意地欣赏别人

（三）建立自己的人脉网络

人脉就是经由人际关系而形成的人际脉络。生活中人与人相识相处，建立了各种关系，而各种关系之间的相互传递，就形成了人脉。建立积极的人际关系网络会给我们的学习、生活和以后的工作带来很大的帮助。

对中学生而言，目前比较容易建立的人脉关系有血缘人脉、学缘人脉、好缘人脉、随缘人脉等。

血缘人脉：因家族、宗族、种族形成的血缘人脉关系，如父母、亲戚等，是比较稳定有力的人脉关系。

学缘人脉：因共同学习而产生的人脉关系，包括小学、中学、大学的同学关系，以及在各种短期培训班、会议、沙龙等学习环境中形成的人际关系。

好缘人脉：因共同的爱好而结缘，包括休闲兴趣及专长技能等，比如一起打羽毛球的球友。

随缘人脉：在旅途、公园、聚会或是其他任何情境下偶然建立的人际关系。这种情况下，我们要善于抓住机会表现自己，并理解他人，才能获得独特的人际体验，与他人建立比较稳定的人际关系。

同学们，也许你从来没有利用人脉资源的意识，也从来没有想过自己身边有哪些人脉关系，那么从现在开始，请你有意识地记录自己的人际关系，并且从身边的亲人、朋友以及他们所认识的人开始，逐步建立自己的人脉网络。这些人脉资源将会成为你成长和发展中的强大助力。

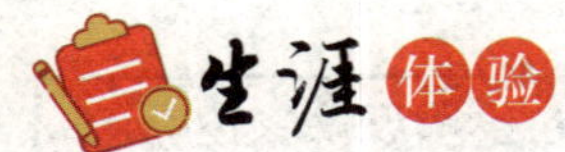

盘点我的生涯资源

通过本节的学习，你是否开始意识到自己身边有许多可利用或正在利用的资源？这些资源在你的生涯规划制订和执行过程中发挥着积极作用，是促使你健康成长不可或缺的力量。接下来，请你对这些资源进行梳理和盘点，并制订详细的资源管理策略，以便更好地利用这些资源为你的生涯发展服务。

（一）制作生涯资源盘点表

请你对自己的资源管理和利用情况进行客观分析，然后制作自己的“生涯资源盘点表”。

生涯资源盘点表

资源类型	可用资源	已用资源及其效果	未用资源及其原因
家庭资源			
中学资源			
高校资源			
社会资源			
人际资源			

（二）完成“生涯资源管理报告”

请根据自己的生涯规划，并结合“生涯资源盘点表”，制订未来资源管理计划及相应策略，并完成“生涯资源管理报告”。

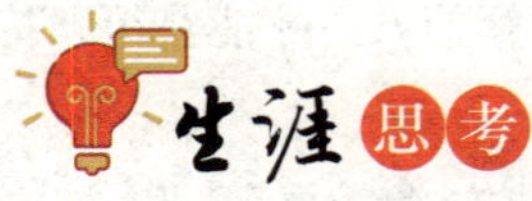

1. 你在资源管理过程中遇到过哪些难题？你是如何应对的？请举例说明。
2. 当你遭遇人际矛盾与冲突时，你通常采取什么应对方式？请举例说明。
3. 本节中提到的各类资源，你最看重哪一类资源？原因是什么？

第六节　生涯探索活动

我的学业规划

学业规划是为了提高求学者的人生职业（事业）发展效率，而对与之相关的学业所进行的筹划和安排。换言之，是通过解决求学者学什么、怎么学、什么时候学、在哪里学等问题，以确保用最小的求学成本（时间、精力和资金），达到既定的学业目标，满足阶段性人才培养的要求，从而最大限度地提高求学者的人生职业（事业）发展效率，并实现个人的可持续发展。

对高中生而言，学考、选考怎么安排，如何制订每学年、每学期、每月、每周，甚至每日的学习计划，如何提高目标执行力等，这些都是学业目标规划的重要内容，也是生涯规划最务实的部分。

请你根据自己的实际情况，制订个人的学业规划。

1. 高考目标及高考方式

<table>
<tr><th></th><th colspan="2">高校名称及考试方式</th><th>选择依据及原因分析</th><th>备 注</th></tr>
<tr><td>国外大学</td><td colspan="2"></td><td></td><td></td></tr>
<tr><td rowspan="3">国内大学</td><td>普通高考</td><td></td><td></td><td></td></tr>
<tr><td>自主招生</td><td></td><td></td><td></td></tr>
<tr><td>三位一体</td><td></td><td></td><td></td></tr>
</table>

2. 高中学业水平考试与高考时间规划

	高一年级		高二年级		高三年级			备 注
学科	第 1 学期（10 月）	第 2 学期（4 月）	第 1 学期（10 月）	第 2 学期（4 月）	第 1 学期（10 月）	第 2 学期（4 月）	第 2 学期（6 月）	
语文							★	
数学							★	
外语								
物理								
化学								
生物								
历史								
地理								
思想政治								
信息技术								

3. 制订学年与学期目标

学 年	学 期	目标内容	内外困难	行动措施
高一学年	第 1 学期			
	第 2 学期			
高二学年	第 1 学期			
	第 2 学期			
高三学年	第 1 学期			
	第 2 学期			

4. 制订“月计划”

月份	目标内容	完成期限	行动措施	完成情况及原因分析

5. 制订“周计划”

目标内容	完成期限	行动措施	完成情况及原因分析

6. 制订“日计划”

目标内容	完成期限	行动措施	完成情况及原因分析

第六单元

综合素质评价与规划

为了顺应时代对人才的需要，有力推动素质教育进程，新高考改革将“综合素质评价”作为高考升学的一项重要参考依据，通过“以评促教”“以评促学”的方式让老师、家长和学生充分关注素质教育并认识到综合素质对学生一生发展的影响和重要意义。

第一节　解读综合素质评价政策

导语

当前中学教育普遍看重的仍是学生的学习成绩，对学生综合素质的培养更多只是流于形式。在这样的教育环境下，诞生了很多所谓的“考试机器”和高分低能的人。因此，综合素质评价是促进学生德智体美劳全面发展、培养个性特长、扭转唯分数论的重要举措。

本节将对新高考改革关于“综合素质评价”的相关政策进行详细解读，包括综合素质评价的政策简介、内容、意义、程序等，并简要介绍各地颁布的综合素质评价试行政策，从政策支撑的层面强调综合素质评价的重要性以及学生提升综合素质的必要性。

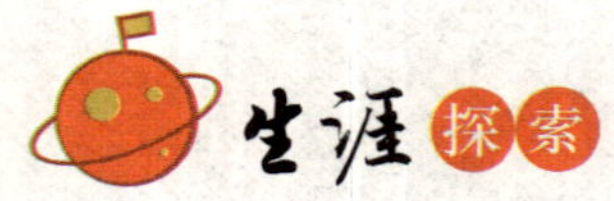

一、综合素质评价政策简介

根据新高考改革的文件精神，今后高考录取的基本依据是“两依据、一参考”。其中，“一参考”是指参考高中三年的综合素质评价报告。2014 年底，教育部印发《关于加强和改进普通高中学生综合素质评价的意见》（以下简称《意见》），这是新高考改革的重要配套政策。《意见》对综合素质评价的原则、意义、内容、流程等方面进行了详细说明。

其实，早在 2002 年，综合素质评价工作就在全国各省市陆续开展。目前所有省市均已开展综合素质评价，但各地的评价标准不一致，操作性也不强。这次新高考改革重在进一步规范综合素质评价的相关内容，确保综合素质评价程序公开透明、内容真实准确。

二、综合素质评价的内容

根据教育部《意见》，综合素质评价反映学生全面发展情况和个性特长，注重考查学生的社会责任感、创新精神和实践能力。主要评价内容如下。

（一）思想品德

主要考查学生在爱党爱国、理想信念、诚实守信、仁爱友善、责任义务、遵纪守法等方面的表现。重点是学生参与党团活动、社团活动、公益劳动、志愿服务等的次数、持续时间。

（二）学业水平

主要考查学生对各门课程基础知识、基本技能的掌握情况以及运用知识解决问题的能力等。重点是学业水平考试成绩、选修课程内容和学习成绩、研究性学习与创新成果等，特别是具有优势的学科学习情况。

（三）身心健康

主要考查学生的生活方式、体育锻炼习惯、身体机能、运动技能和心理素质等。重点是《国家学生体质健康标准》测试主要结果，体育运动特长项目，参加体育运动的效果，应对困难和挫折的表现等。

（四）艺术素养

主要考查学生对艺术的审美感受、理解、鉴赏和表现的能力。重点是在音乐、美术、舞蹈、戏剧、戏曲、影视、书法等方面表现出来的兴趣特长，参加艺术活动的成果等。

（五）社会实践

主要考查学生在社会生活中的动手操作、体验经历等情况。重点是学生参加实践活动的次数、持续时间，形成的作品、调查报告等。

三、综合素质评价的意义

综合素质评价有着重大的意义。

一方面，综合素质评价重在素质提升，它打破了高考“唯分数论”，促进学生认识自我、规划人生，激发潜能，主动发展。在社团活动中培养兴趣，在社会实践中经受锻炼，全面提升自身的综合素质，从而有力推动素质教育进程，使教育回归“育人”本质。

另一方面，综合素质评价使人才选拔标准更加全面，方式更加科学，有利于扭转片面应试教育的倾向，破除“一考定终身”的弊端，促使人才选拔从只看“冷冰冰的分数”转变为更关注“活生生的人”。

综合素质评价重在记录学生的成长过程，要求真实准确地记录学生具体活动内容、行为表现和典型事例，避免评价时出现假大空等问题，为高校选拔优质生源提供客观依据和重要参考。

四、综合素质的评价程序

根据教育部印发的《意见》，综合素质的评价程序如下。

1. **写实记录**。教师要指导学生客观记录在成长过程中集中反映综合素质主要内容的具体活动，收集相关事实材料，及时填写活动记录单。要求写实记录由学生自己填写，及时记录，突出重点，注重写实。

2. **整理遴选**。每学期末，教师指导学生整理、遴选具有代表性的重要活动记录、典型事实材料以及其他有关材料。用于招生使用的材料，学生要签字确认。

3. **公示审核**。遴选出来用于招生使用的活动记录和事实材料必须于每学期末在教室、公示栏、校园网等显著位置公示。班主任及有关教师要对公示后的材料进行审核并签字。

4. **形成档案**。各省（市）要对学生综合素质档案格式提出基本要求。学校要对相关材料进行汇总，为每位学生建立综合素质档案。档案主要内容：（1）主要的成长记录，包括思想品德、学业水平、身心健康、艺术素养、社会实践五个方面的突出表现；（2）学生毕业时的简要自我陈述报告和教师在学生毕业时撰写的简要评语；（3）典型事实材料以及相关证明。

档案材料要突出重点，避免面面俱到、千人一面。有些活动项目学生没有参加或事迹不突出，可以空缺。规范和减少高考加分项目后，学生的相关特长、突出事迹、优秀表现等情况会记入学生综合素质档案。教师评语要客观、准确揭示每个学生的个性特点。学校要对学生的档案材料进行审核。

5. **材料使用。**一是用于学生教育时，由高中学校进行评估。高中教师要充分利用写实记录及相关事实材料，分析把握学生成长过程，指导学生发扬优点，克服不足，明确努力方向。学生可以通过成长事实的记录，不断发现问题，提升自我，建立自信，体验成长的快乐。二是用于高校招生时，由招生院校进行分析、评价。高等学校要制订科学规范的综合素质评价体系和办法，组织教师等专业人员对档案材料进行研究分析，采取集体评议等方式做出客观评价，高中教师不参与，有利于评价的公平公正。

五、如何确保综合素质评价的材料真实可信

《意见》对综合素质评价内容、程序、组织管理等方面进行了系统设计，确保综合素质材料真实可信。

1. 在评价内容上，《意见》强调综合素质评价重点考查学生的行为表现，特别是通过学生在有关活动中的具体表现来考察其全面发展情况和个性特长。

思想品德方面，考察内容包括热爱集体、关心他人、有社会责任感等，这些要求看起来比较抽象，难以量化比较。因此，思想品德评价不仅要看学生参加公益劳动、志愿服务活动的具体内容，还要看参加的次数、持续时间等，学生在这些活动中的行为表现是可查证、可比较、可分析的。

学业水平方面，既要记录学生所学课程的总学分、平均成绩（GPA），又要关注学生在学习过程中的态度和综合表现。

身心健康方面，通过体质健康监测的结果和学生在体育方面的客观测试成绩（如《国家学生体质健康标准》测试结果）反映学生的体质状况，同时关注学生在体育锻炼方面的具体表现和习惯。

艺术素养方面，重点记录在音乐、美术、戏剧、影视、书法等方面表现出来的艺术特长，尤其是参加艺术活动的成果。

社会实践方面，重点记录学生在参加研究性学习、社会调查、科技创新等活动的次数、持续时间、具体表现、取得的成果等。

2. 在评价程序上，突出写实记录、公示审核等，要求如实记录学生成长过程中的具体活动，并以事实材料为佐证，做到有据可查。用于招生使用的活动记录和事实材料必须在学校显著位置公示，班主任及有关教师需进行审核并签字。学校最后审核把关。

3. 在组织管理上，明确提出要建立健全四项监督制度，即材料公示制度、抽查制度、申诉与复议制度、诚信责任追究制度，对弄虚作假者按国家有关规定给予严肃处理，确保综合素质材料真实可信。

六、各地陆续推出综合素质评价试行政策

在《意见》的指导下，各地区陆续颁布本地区高中学生综合素质评价的试行办法。以下是部分地区颁布的试行文件。

2015 年 4 月，浙江省教育厅颁布《浙江省教育厅关于完善浙江省普通高中学生成长记录与综合素质评价的意见》，提出综合素质评价内容包括：品德表现、学业水平、运动健康、艺术素养、创新实践五大部分，并对评价原则、评价程序、录入要求、制度保障等方面做出了详细说明。

2015 年 4 月，上海市教育委员会颁布《上海市普通高中学生综合素质评价实施办法（试行）》，提出综合素质评价内容包括品德发展与公民素质、修习课程与学业成绩、身心健康与艺术素养、创新精神与实践能力四大方面，并对记录方式、评价结果应用、组织管理保障等方面提出具体要求。

2017 年 7 月，北京市教育委员会颁布了《北京市教育委员会关于印发北京市普通高中学生综合素质评价实施办法（试行）的通知》，提出切实做好思想品德、学业成就、身心健康、艺术素养、社会实践等综合素质评价工作。

以上海市为例，根据《上海市普通高中学生综合素质评价实施办法（试行）》，综合素质评价的内容包括：

1. 品德发展与公民素养。主要反映学生在践行社会主义核心价值观、弘扬中华优秀传统文化等方面的情况，包括爱党爱国、理想信念、诚实守信、仁爱友善、责任义务、遵纪守法等。重点记录学生遵守日常行为规范，参加志愿服务（公益劳动）、党团活动等情况。

2. 修习课程与学业成绩。主要反映学生各门课程知识和技能掌握情况以及运用知识解决问题的能力等。重点记录学生学业水平考试成绩、基础型课程成绩、拓展型课程和研究型课程学习经历等。

3. 身心健康与艺术素养。主要反映学生的健康生活方式、体育锻炼习惯、身体机能、运动技能和心理素质，对艺术的审美感受、理解、鉴赏和表现的能力。重点记录《国家学生体质健康标准》测试结果，参加体育运动、艺术活动的经历及表现水平等。

4. 创新精神与实践能力。主要反映学生的创新思维、调查研究能力、动手操作能力和实践体验经历等。重点记录学生参加研究性学习、社会调查、科技活动、创造发明等情况。

记录方法和程序如下：

上海市教委将建立上海市普通高中学生综合素质评价信息管理系统（以下简称“信息管理系统”），以高中学校为记录主体，采用客观数据导入、高中学校和社会机构统一录入，学生提交实证材料相结合的方式，客观记录学生的学习成长经历。

1. 写实记录。

教师要指导学生客观记录集中反映综合素质主要内容的具体活动，收集相关事实材料，每

学期及时填写《上海市学生成长记录册》。高中学校在信息管理系统内统一录入学生自我介绍、军事训练、农村社会实践、国防民防活动、党团活动、先进个人荣誉称号、违纪违规情况、基础型课程成绩、拓展型和研究型课程学习经历、研究性学习专题报告和学校特色指标等内容。学生基本信息、高中学业水平考试成绩、《国家学生体质健康标准》测试综合得分，参加志愿服务（公益劳动）、体育艺术科技活动项目情况等内容采用客观数据导入的方式记录。

2. 整理遴选。

每学期末，教师指导学生整理、遴选用于撰写自我介绍的材料；高中毕业前，学生要在整理遴选材料的基础上撰写自我介绍，以及遴选最具代表性的研究性学习专题报告。

3. 公示审核。

由高中学校统一录入的内容（除涉及个人隐私的信息外）及相关实证材料在录入信息管理系统之前必须于每学期末在教室、公示栏、校园网等显著位置公示。由上海市学生社会实践信息记录电子平台导入的志愿服务（公益劳动）信息需先在该电子平台公示。相关部门和社会机构需要事先审核导入信息管理系统的客观信息与数据。

4. 导入系统。

学校公示后的信息及基础型课程成绩由高中学校统一录入信息管理系统。客观数据由相关部门审核后统一导入信息管理系统。学生每学期对信息管理系统中的信息进行网上确认，如有异议，可以向学校提出更正申请。

5. 形成档案。

学生的综合素质评价档案以《上海市普通高中学生综合素质纪实报告》的方式呈现。学生高中毕业前，信息管理系统自动生成纪实报告，学生需要确认本人的纪实报告并签字。纪实报告经班主任和校长签字以及高中学校盖章后存档，并供高等学校招生参考使用。

上海市普通高中学生综合素质纪实报告

区县：______学校（盖章）______考生登记号______ 身份证号______

<table>
<tr><td colspan="6">1.基本信息和自我介绍</td><td rowspan="5">（学生照片）</td></tr>
<tr><td>姓名</td><td></td><td>性别</td><td></td><td>出生年月</td><td></td></tr>
<tr><td>籍贯</td><td></td><td>民族</td><td></td><td>政治面貌</td><td></td></tr>
<tr><td>身体健康状况</td><td></td><td>家庭住址</td><td colspan="3"></td></tr>
<tr><td>邮编</td><td colspan="2"></td><td>联系电话</td><td colspan="2"></td></tr>
<tr><td colspan="2">你最感兴趣的职业/行业/专业（1–3项）</td><td colspan="2">1</td><td colspan="2">2</td><td>3</td></tr>
<tr><td colspan="7">自我介绍（通过列举典型事例等方式，介绍学生本人的社会责任感、专业志向与才能、个性特点与个人爱好等方面的具体突出表现，字数不超过500字。）</td></tr>
</table>

品德发展与公民素养

志愿服务（公益劳动）次数	累计时间（小时）	达标情况	获得表彰次数
		□达标 □不达标	国际级__次；国家级__次； 市级__次；区县级__次； 学校级__次

军事训练	等级：	□合格 □不合格	被评为优秀营员：	□是 □否
农村社会实践	等级：	□合格 □不合格	被评为积极分子：	□是 □否

参加国防、民防相关项目	累计时间（小时）	获得奖项（级别）	组织机构
		□国际 □国家 □市	

党团活动	起讫时间	级别	角色	组织机构
		□市 □区县 □学校	□参与者 □主持者 □策划者	

先进个人荣誉称号	获奖年份	级别	评选单位
		□市 □区县 □学校	

违纪违规	处罚类别	处罚时间
是否有犯罪记录	□是 □否	

1. 学习综合素质评价的相关政策后，你得到了怎样的启发？
2. 请利用查询工具，查找你所在的省（市）关于综合素质评价的相关政策，并认真阅读。

第二节　探析“三位一体”综合评价招生

导语

“三位一体”综合评价招生是一种多元化的招生选拔模式，其实质是综合评价，除了考查同学们的高考成绩、学业水平测试等“分数因素”，还要评估同学们的综合素质水平，是一种与新高考改革精神相契合的人才选拔模式。而“三位一体”招生自身的选拔机制也为那些学习成绩不够拔尖，但在综合素质和优势潜能方面表现突出的学生开辟了一条通往心仪学校的新通道。

本节将对“三位一体”综合评价招生的招生特点、招生对象、招生条件、备考策略等进行详细介绍，希望同学们对照自身情况，决定是否选择“三位一体”的升学路径，如果选择该升学路径，应根据“三位一体”的考核要求，尽早规划自己的学习目标和升学目标，尽早做好知识与能力的储备。

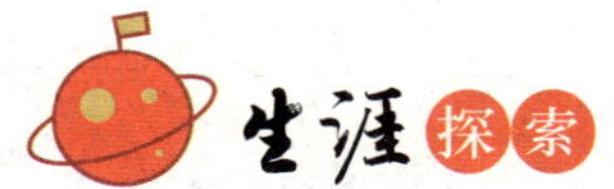

一、“三位一体”综合评价招生概述

（一）“三位一体”综合评价招生简介

“三位一体”综合评价招生，是浙江省在全国率先启动的高校招生改革的重要举措。浙江省教育考试院的官网这样解释“三位一体”招生：实质是将成长性评价和一次性评价相结合，融学业水平测试、综合素质评价和高考三方面评价要素为一体的多元化招生考试评价体系。其中，综合素质评价包括中学综合素质评价和高校综合素质测试。

高校在选拔时，根据自身的专业特色和培养目标，自主确定综合素质测评内容标准及方式，将学考与高考、过程与结果、考试成绩与综合素质相结合，通过多元化考核评价方式选拔和择优录取，突破传统高考“一考定终身”的局限性。

据高校跟踪调查发现，通过“三位一体”招收的学生在活跃度和心理调适能力上明显高于非“三位一体”招收的学生；他们的学习成绩、社会活动能力、适应性普遍较好。

浙江省从2011年开始在省内2所高校率先试行“三位一体”招生，此后逐年扩大试点范围。

目前已有50多所高校加入了“三位一体”招生行列，其中包括北京大学、清华大学、复旦大学等知名高校。

（二）“三位一体”综合评价招生的特点

（1）“三位一体”招生，等于考生多了一次被录取机会

“三位一体”招生是提前录取，未被录取的考生还可以正常参加浙江省统一高考志愿填报和录取，报考其他院校，这等于考生多了一次被录取机会。

（2）“三位一体”招生在高考有“分数优惠”的特点

如果考生高考发挥失误，分数达不到目标院校的分数线，考生只要在目标院校主持的综合素质测试中表现良好，仍有机会被目标院校录取。例如，2012年，温州大学文科类学前教育（师范）专业通过高考直接录取的学生仅4人，最高分为550分，最低分为548分。某同学只考了490分，却因为在“三位一体”招生中表现出色，顺利进入温州大学就读。

（三）“三位一体”综合评价招生的条件

“三位一体”招生的报名是开放性的。凡符合高考报名条件和高校要求的高中毕业生（包括应届、往届考生，普通类、艺术类、体育类考生）均可报考。不过，不是所有学生都适合参加“三位一体”招生。经总结，符合以下条件的学生比较适合参加“三位一体”招生：

① 高中学业水平考试成绩优秀；

② 综合素质优秀、语言表达能力较强、知识结构比较完善、阅读面较广、主体思考较为深入；

③ 高考成绩临近分数线；

④ 学校、专业志愿明确。

以浙江工业大学为例。浙江工业大学2018年“三位一体”招生章程中对考试的报名条件做出明确规定：（以下资料来自“浙江工业大学本科招生网”）

1. 已经参加2018年浙江省普通高校招生统一考试报名，综合素质评价均为B等（含）以上，新高考改革前的往届生综合素质评价均为P等（含）以上，符合以下条件之一的考生均可申请报考：

① 学业水平考试7门（含）以上科目为A等，其余为C等（含）以上。

② 学业水平考试5门（含）以上科目为A等，其余为C等（含）以上，且符合以下专项条件之一者：

• 学科竞赛类：高中阶段在国际科学与工程大奖赛或国际环境科研项目奥林匹克竞赛中获奖；或在全国中学生学科奥林匹克竞赛（包括全国高中数学联赛、全国中学生物理竞赛、全国高中学生化学竞赛、全国青少年信息学奥林匹克联赛、全国中学生生物学联赛）中获得省级赛区竞赛三等奖（含）以上；或在浙江省高中数学竞赛、浙江省高中学生化学竞赛、浙江省高中生物学竞赛、浙江省中学生物理竞赛中获得A组省二等奖（含）以上。

• 科技创新类：高中阶段以第一作者在全国青少年科技创新大赛（含全国青少年生物和环境科学实践活动）或全国中小学电脑制作活动中获得省级三等奖（含）以上；或在全国“明天小小科学家”活动中获得三等奖（含）以上。

• 语言文学特长类：高中阶段以第一作者正式出版文学专著或在全国性作文比赛（包括“叶圣陶杯”全国中学生新作文大赛决赛、全国新概念作文大赛、全国中小学生创新作文大赛、“语文报杯”全国中学生作文大赛、中国中学生作文大赛）中获得三等奖（含）以上；或在全国创新英语大赛中获得三等奖（含）以上；或在全国中学生英语能力竞赛中获得二等奖（含）以上。

• 艺术特长类：高中阶段在全国中小学艺术展演及浙江省教育厅、浙江省文化厅主办的中学生艺术赛事中获得三等奖（含）以上（限个人项目）；或中学阶段（含初中）获得浙江省学生艺术特长水平测试A级证书。

• 体育特长类（限田径、游泳、乒乓球、羽毛球、网球、定向、健美操、武术，限个人项目）：高中阶段在浙江省中学生运动会、浙江省中学生田径运动会上获得前八名；或在国家教育部、国家体育总局举办的中学生体育赛事中进入决赛。

2. 已经参加2018年浙江省普通高校招生统一考试报名，综合素质评价均为B等（含）以上，新高考改革前的往届生综合素质评价均为P等（含）以上，在学科研究、科技创新、艺术体育和社会实践等方面具有突出特殊才能和卓越表现的学生，可以申请报考（学生自荐、所在中学推荐或专家推荐均可）。

对“三位一体”招生感兴趣的学生可以参考往年目标高校招生简章上的各项要求，尽早制订自己参加“三位一体”考试的规划，尽早做好知识与能力的储备。

（四）“三位一体”综合评价招生的招录流程

“三位一体”招生院校通过初次遴选、综合素质测试、统一高考和录取等程序层层筛选招录人才。

首先，考生将材料报送高校，高校应根据“三位一体”招生报名条件对考生进行初次遴选。条件设置一般包括选考科目、中学阶段综合素质评价、学考等级等要求。

其次，高校自主组织实施综合素质测试。测试内容和标准由高校根据培养目标和学科要求来定，重点测试学生的基本素养和专业素养或专业潜质，一般采用笔试、面试等办法。高校根据综合素质测试情况，按一定的比例确定“三位一体”招生入围名单。

然后，考生还需要参加6月的统一高考。高考后，高校将考生的学考（全称为“高中学业水平考试”）、综合素质评价和统一高考成绩，按各校招生简章事先公布的计算方法合成综合成绩，其中，高考成绩占比一般不低于50%。考生在志愿填报时选报参加过考试并已入围的一所或多所“三位一体”招生高校。高校按公布的招生规则和计划，综合评价、择优录取。被正式录取的考生不再参加其他高校的志愿填报和录取。

二、“三位一体”综合评价招生的笔试备考策略

“三位一体”综合评价测试分为笔试和面试，一般以面试为主，笔试为辅。笔试主要是综合知识考查，有点类似于百科知识竞赛，是高中课程的延伸，课外知识的积累。

笔试题的主要类型包括：人文历史类、数学逻辑类、机械物理类、生化科技类、时政社会类、地理信息类、教育心理类、综合知识类等。

考生在日常学习时要注重知识的积累及综合素养的培养，拓展自己的视野和知识面，多思考，多表达，多关注时事热点。

三、“三位一体”综合评价招生的面试备考策略

（一）“三位一体”招生面试的特点分析

1.“三位一体”面试通常具有考题灵活、涉及领域广泛的特点，考生应提前进行知识储备，注意日常积累，仅凭考前突击很难从容应试。

2.“三位一体”面试问题往往没有标准答案，一般都会留有很大的自由发挥空间，在此，考生要特别注意无领导小组讨论形式的应试技巧。考生回答问题的对与错并不是考查的重点，院校和考官看中的是考生处理问题的思维方法和学习研究的潜力。

3. 在往年“三位一体”面试中，评述社会现象和时事热点的考题占绝大多数。考生在备考过程中最好对热点问题进行分类归纳，然后针对这些热点问题试着进行多角度的分析，培养自己分析、解决问题的能力。

（二）“三位一体”面试的形式

“三位一体”面试主要分为“半结构化面试”和“无领导小组讨论”两种形式。

1. 半结构化面试

半结构化面试是指在预先设计好试题（结构化面试）的基础上，面试时由2～3名主考官

根据考生所报专业、经历喜好等信息向应试者再提出一些随机性的试题。

（1）半结构化面试的大致流程

入场、自我介绍、回答问题、退场。

（2）半结构化面试的常考类型题

• 综合分析类（社会热点类、名言警句类），考查学生的辩证思维能力、综合分析能力等。例如：“遇到老人摔倒，有人说要扶，有人说不扶，谈谈你的看法。”

• 自我认知与专业匹配类（自我认知类、专业认知类），考查学生对专业及自身的了解情况。例如：“为什么要报这个专业？”“你觉得自己适合这个专业吗？”

• 计划组织类，考查学生的组织能力、沟通能力等。例如：“如果你是学生会主席，你的同学生病了，急需一大笔钱，怎么办？”

• 人际关系类，考查学生的人际交往能力、人际冲突处理能力等。例如：“如果你的舍友突然不和你说话，你要怎么办？”

• 应变联想类，考查学生的创新能力、想象力、发散思维能力等。例如：“如果能穿越到 20 年后，你希望自己成为一个怎样的人？”

2. 无领导小组讨论

无领导小组讨论，即“群面”，采用情景模拟的方式对考生进行集体面试。它将一定数目的考生组成一组（4 ～ 10 人），小组成员针对给定的问题进行讨论并做出决策。

（1）无领导小组讨论的基本流程

• 讨论前事先分好组，一般每个讨论组 6 ～ 8 人为宜；

• 考场按易于讨论的方式设置，一般采用圆桌会议式，面试考官席设在考场四边（或集中于一边，以利于观察）；

• 应试者落座后，面试考官为每个应试者发空白纸若干张，供草拟讨论提纲用；

• 主考官向应试者讲解无领导小组讨论的要求（纪律），并宣读讨论题；

• 给应试者 5 ～ 10 分钟的准备时间（构思讨论发言提纲）；

• 主考官宣布讨论开始，依考号顺序每人阐述观点（5 分钟），依次发言，发言结束后开始自由讨论；

• 各面试考官只能依靠观察，并根据评分标准为每位应试者打分，不准参与讨论或给予任何形式的诱导；

• 无领导小组讨论一般以 40 ～ 60 分钟为宜，主考官依据讨论情况，宣布讨论结束后，收回应试者的讨论发言提纲，同时收集各考官评分成绩单，考生退场；

• 记分员按“去掉一个最高分，一个最低分，然后得出平均分”的方式，计算出每位考生的最后得分，主考官在成绩单上签字。

（2）无领导小组讨论的常考类型题

• 开放式问题，是指其答案范围比较宽泛，考生可以从多个角度回答。主要考查考生的综合分析能力，了解考生是否能准确、清晰地认识事物，并找出较为合适的解决问题的办法。

• 选择类问题，让考生从众多备选项中选择少数几个选项，并说明理由，并在规定时间内讨论并达成一致意见的题型。主要考查考生的综合分析能力、语言表达能力、说服能力及相关社会知识等。

• 排序类问题，要求考生在多个备选项中选择几种有效答案或者对备选项答案的重要性进行排序，并说明理由，并在规定时间内讨论并达成一致意见。主要考查学生的组织协调能力、逻辑分析能力、沟通能力、团队精神等。

• 资源争夺类问题，让处于同等地位的考生就有限资源进行分配或就一定名额、资格等进行争夺。主要考查学生的语言表达能力、概括总结能力、发言的积极性和反应的灵敏性等，同时，通过观察考生对资源的分配情况，了解考生的组织协调能力、全局意识等。

• 操作类问题，是给考生一些材料、工具或道具，让他们利用所给的东西设计出一个或一些由考官指定的物体。主要考查学生的观察能力、动手能力、合作能力以及观察其在操作任务中所充当的角色。

（三）“三位一体”招生面试的注意事项

一是要注意礼节。考生每次结束自我陈述时最好说声“谢谢，我的发言完毕”，结束面试后向老师道谢。

二是在面试过程中考生要注意形象，坐姿良好，不要抖腿、转笔等。

三是自我介绍时不建议考生临场发挥，良好的开头可以舒缓进入考场的紧张感。自我介绍应别出心裁，从兴趣爱好特长入手，展现自己的性格特色，但不宜过多，一两处亮点就能给人留下深刻的印象，冗杂累赘反而适得其反。

四是回答问题时，建议考生要从容、自信，不要太拘谨，轻松从容的姿态更受考官青睐。

五是在小组讨论环节中，如果是他人陈述，自己要时不时看看他们、做好笔记，以示尊重。与他人有不同观点时不要全盘否定对方的观点，说话方式要委婉。在讨论时也要注意用词，不要直接反驳他人的观点，可以用“我认为××同学说得很有道理，我想补充一下自己的观点”等。

六是考生应根据自身的特点，选好在小组里的角色，如记录员、总结陈词人等，认真履行好角色的责任与义务。权衡利弊，在结束讨论时做出最利于自己的选择，自我举荐或是将机会让给他人。

1. 请根据自己的实际情况，参考目标院校今年的招生简章，尝试为自己制订一个“三位一体”招生考试规划。

2. 为了顺利通过“三位一体”招生考试，你打算从哪些方面着手做好面试准备？

第三节　初探综合素质评价与规划

综合素质评价“以评促发展”的特点说明，综合素质评价根本目的在于提升同学们的综合素质，在于通过高中三年的长期的过程性评价，促使老师、家长和学生将发展学生综合素质的任务纳入日常时间计划表中，真正将综合素质发展落到实处。为了让学生综合素质发展工作有序开展，首要任务是要客观认识学生的综合素质现状，了解学生在综合素质上的优势，并根据学生的外在条件，为学生制订个性化的综合素质发展规划，明确综合素质发展目标，让学生在目标的指引下，脚踏实地地参与综合素质训练，不断提升综合素质水平，为综合素质评价提供丰富且真实的素材。

本节将和同学们一起厘清综合素质评价与规划的基本思路，向同学们展示综合素质评价与规划的流程和规划书模板，引导同学们探索并思考自己的综合素质现状和外部环境情况，从而在知己知彼的前提下制订自己的个性化综合素质发展规划。

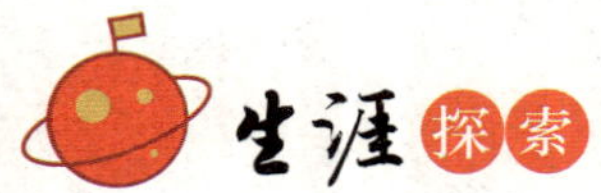

一、综合素质评价与规划的重要性

综合素质评价指的是对高中生三年的综合素质发展情况进行跟踪记录、分析与评价，其过程贯穿高中生活的始终。而综合素质评价的根本目的在于提升学生的综合素质，培养高水平人才。综合素质的提升是一个循序渐进的过程，不能一蹴而就。同学们只有对自己整个高中阶段的综合素质发展进行合理规划，脚踏实地地参与综合素质训练和体验活动，才能不断提升综合素质水平，并在此过程中不断丰富和完善成长记录，同时确保活动记录、事实材料真实且有据可查。

此外，综合素质评价遵循“谁使用谁评价”的原则，各高校将根据本校的招生要求制订综合素质评价的使用办法。例如，有的大学看重学生的创新能力，那么这所大学在评估学生的综合素质档案时会着重关注学生在创新能力方面的经历和表现。因此，同学们应根据目标学校的具体要求，有所侧重地制订综合素质提升规划，着重培养相关能力。

同学们应该以目标为导向，积极培育和提升个人的综合素质，争取向自己心仪的大学递交一份令人满意的综合素质评价“答卷”，为打赢“高考之战”增加制胜的砝码，更为未来的生涯发展提供有力保障。

二、综合素质评价与规划的流程和规划书模板

为了制订适合自己的综合素质提升规划，同学们应对自己的综合素质现状有一个正确的认识，了解自己哪些方面做得比较好，哪些方面需要重点提升，同时了解身边有哪些可以为综合素质提升创造有利条件的资源，在知己知彼的前提下，为自己制订个性化的综合素质提升规划。

完成综合素质评价与规划的基本流程是：成长经历记录、成长现状评价、综合素质目标规划。下面我们按照规划的基本流程制作了综合素质规划书的模板，供同学们参考使用。

（一）成长经历记录

定期整理、记录个人的成长经历。主要从思想品德、学业水平、身心健康、艺术修养、社会实践等方面对综合素质发展情况进行详细记录，例如，参与志愿活动、社区服务、艺术竞赛、社会实践活动等，详细记录活动的时间、经过、次数、效果、个人感悟等，建立综合素质档案。

（二）成长现状评价

成长现状评价包括科学测评、自评和他评两部分内容。

科学测评：利用先进检测仪器和国际通用量表对学生的身体素质、心理素质、学习能力、优势潜能等方面进行科学测评，对学生的成长现状进行科学分析与评价。

科学测评的测评工具有：体质健康检测、人体营养成分分析、14PF人格测评、情商综合测评、陈会昌气质类型测评、学习适应性测评、信息通道测评、左右脑平衡发展测评、多元智能测评、霍兰德职业兴趣类型测评等。以上测评仅供参考。

自评和他评：指分别对学生、家长、班主任等进行深度访谈与调查，全面分析和评价学生的成长现状，为制订符合学生成长特点和发展需要的目标规划提供科学的依据。

（三）自我分析

结合成长经历记录、科学测评、自评和他评等分析方法，对自己进行全方位、多角度的分析。

（1）个人兴趣——喜欢干什么

我的成长评价报告中，霍兰德职业兴趣测试结果的前三项是××型（×分）、××型（×分）和××型（×分）。我的具体情况是……

（2）个人能力——能够干什么

我的成长评价报告结果显示，优势智能的前三项智能为××智能（×分）、××智能（×分）、××智能（×分）。我的具体情况是……

（3）个人性格——我是怎样的人

我的成长评价报告中，人格测试结果显示……我的具体情况是……

（4）价值观——最看重什么，是否与社会主义核心价值观相符

我的成长评价报告结果显示，我最看重……我的具体情况是……

（5）胜任能力——优、劣势分别是什么

我的优势	我的劣势

（四）社会环境分析

参考成长评价报告建议，并通过多种途径，对影响生涯目标选择的相关外部环境进行较为系统的分析。

（1）家庭环境分析

包含经济状况、家人期望、家族文化等对本人的影响。

我出生在一个 ×× 的家庭，父母及其他家庭成员对我的期望是……我希望通过自己的努力将来为家庭做……达到……的目的。

（2）学校环境分析

包含学校特色、学科学习、实践经验等。

我现在就读的学校是一所……的学校，学校的人才培养模式和社会知名度等可能会对我将来的发展产生……的影响；我喜欢的专业是……根据近年来经济社会发展的趋势和行业对毕业生的需求状况，将来的就业方向集中在……与我的生涯志向比较，我还需要在……方面加强学习。

（3）社会环境分析

包含就业形势、就业政策、人才素质要求等。

我喜欢的、未来可能从事的职业是……近年来就业形势是……国家相关的政策有……目前我感兴趣的职业对人才素质的要求是……根据人才素质要求，我的优势能力是……我的不足是……我提升能力的策略是……

（五）SWOT 分析

综合自我分析及社会环境分析的主要内容得出本人生涯发展定位的 SWOT 分析。

表 6.1　SWOT 分析

内部环境因素	优势因素（S） ……	劣势因素（W） ……
外部环境因素	机会因素（O） ……	威胁因素（T） ……

（六）生涯目标规划

生涯准备计划是整个生涯规划的重中之重，应力求详尽并具有可操作性，为实现第一个目标打下坚实的基础。

示例如下，仅供参考。

表 6.2　短期目标（高一学年）/高一学生生涯准备的重点

目标内容	总目标	分目标	计划内容	策略与措施
选考科目	确定自己的选考科目	1. 高一上学期初步筛选选考科目；2. 高一下学期期末最终确定选考科目等	1. 了解每门学科特点；2. 发现自己的学科兴趣与优势；3. 找准自己的职业和专业方向等	1. 认真上好每个学科的每一次课；2. 多渠道了解大学专业和职业等相关信息；3. 认真总结每一次考试成绩的优势与不足等
思想品德	养成良好的卫生和行为习惯，初步具备环保意识和责任意识	1. 养成良好的卫生习惯；2. 形成良好的环保意识等	1. 做好个人卫生，保持仪容仪表的整洁；2. 爱护学校环境和公共环境等	1. 坚持每周打扫一次房间；2. 坚持每月参加一次社会公益活动等
学业水平	全面学习所有学科知识，打下良好的学业基础	1. 养成良好的学习习惯；2. 形成良好的学习意识等	1. 养成每天写学习计划的习惯；2. 认真学习每门学科，找到自己感兴趣的、擅长的科目等	1. 按时预习、复习，养成良好的习惯；2. 每天至少花一小时学习最感兴趣的科目等
身心健康	身体健康，培养乐观、平稳的心理素质	1. 培养并坚持做运动的习惯；2. 培养良好的情绪调控能力等	1. 培养 1～2 项运动兴趣或特长；2. 掌握几种适合自己的情绪调控方法等	1. 坚持每天运动一小时；2. 每周参加一次班级或社团组织的心理团辅活动等
艺术素养	具备良好的审美能力和艺术欣赏能力	1. 培养 1～2 项艺术兴趣或特长；2. 初步具备一定的审美能力等	积极参加学校社团活动，发展兴趣特长等	1. 每周参加一次艺术特长训练；2. 每月参加一次艺术展或其他艺术鉴赏活动等
社会实践	丰富社会体验，提高动手操作能力和解决实际问题的能力	1. 提高动手操作能力；2. 培养创新意识等	积极参加学校或社会上组织的社会实践、游学考察活动等	1. 每月参加一次社会实践活动；2. 每学期撰写一篇调查报告或访谈报告等

表 6.3　中期目标（高一至高三）/生涯准备的重点

目标内容	总目标	分目标	计划内容	策略与措施
选考科目	确定选考科目，顺利通过学业水平考试	1. 高一上学期初步筛选选考科目；2. 高一下学期期末最终确定选考科目等	1. 了解每门学科的特点；2. 发现自己的学科兴趣与优势；3. 找准自己的职业和专业方向等	1. 认真上好每门学科的每一次课；2. 多渠道了解大学专业和职业等相关信息；3. 认真总结每一次考试成绩与不足等
思想品德	做一个爱党爱国、有远大理想、诚实守信、有责任心、遵纪守法的好公民	1. 培养感恩之心和社会责任感；2. 做个文明礼貌、遵纪守法的公民等	1. 尊敬老师、孝敬父母；2. 爱护学校环境和公共环境等	1. 坚持每月为父母做一件事；2. 坚持每月参加一次志愿者服务活动等
学业水平	语文、数学、外语三门主科均衡发展，选考科目成绩良好	1. 语、数、外三门主科成绩保持在中上水平；2. 选考科目成绩均在中上水平等	1. 坚持每天写学习计划；2. 确定选考科目，合理安排必考科目和选考科目的学习时间等	1. 按时预习、复习，养成良好的习惯；2. 每天写学习计划，并检查前一天的学习计划完成情况等
身心健康	保持健康的身体素质和积极稳定的心理素质	1. 坚持每天做运动；2. 保持稳定情绪等	1. 提高特长项目的运动水平；2. 养成每天体察和调节情绪的习惯等	1. 坚持每天运动一小时；2. 每月参加一次班级或社团组织的心理团辅活动等
艺术素养	具备良好的艺术欣赏、理解和表现能力	1. 掌握1～2项艺术特长；2. 具备良好的审美能力等	积极参加学校或社会上的艺体特长训练或其他兴趣社团活动等	1. 每周参加一次艺术特长训练；2. 每月参加一次艺术展或其他艺术鉴赏活动等
社会实践	具备丰富的社会经历，形成良好的动手操作能力、解决实际问题的能力和创新能力	1. 提高动手操作能力；2. 提高创新意识和创造能力等	积极参加学校或社会上组织的社会实践、游学考察活动等	1. 坚持每月参加一次社会实践活动；2. 每学期撰写两篇调查报告或访谈报告等

表 6.4　长期目标（大学至就业）/ 方向性规划

目标内容	总目标	分目标	计划内容	策略与措施
升学	考取 ×× 大学的 ×× 专业并顺利毕业	1. 完成大学学业，获得学士学位；2. 发展专业技能，获得与 ×× 专业相关的能力证书等	1. 认真掌握大学专业要求的各项知识与技能，每门学科成绩均合格；2. 选修 1～2 门与 ×× 专业相关的课程等	1. 坚持按时预习、复习等良好的学习习惯；2. 每月至少参加一次专业学术讲座或探究学习；3. 每年至少参加一次职业体验活动等
就业	进入 ×× 行业，从事 ×× 职业	1. 了解职场文化，掌握职场基本知识；2. 通过职场考验，从事 ×× 工作等	1. 扩大 ×× 行业的人脉圈，每月认识两名从事 ×× 行业的朋友；2. 掌握职场面试基本技巧等	1. 通过朋友介绍、微信公众号等途径，结识 ×× 行业或从事 ×× 职业的朋友；2. 参加职场新人培训，学习职场知识等

1. 谈谈你对综合素质评价与规划的认识。
2. 结合自己的实际情况，你认为综合素质评价与规划的难点是什么？你打算如何解决？
3. 规划最终要落实到具体行动中，你打算如何执行自己的综合素质发展规划？

第四节 探索综合素质培养策略与综合素质面试技巧

导语

同学们在提升个人综合素质的过程中，除了要根据自己的成长现状，制订适合自己的综合素质发展规划，还要结合内外部条件，选择适合自己的综合素质培养方式，从而有效提高综合素质培养的效率。另外，很多高校都将综合素质面试作为选拔生源的重要考核方式之一，同学们在培养个人综合素质的过程中，还应加强综合素质面试的知识储备和模拟训练，掌握面试技巧，以便在有限的面试时间里充分展示自己的综合能力与发展潜质。

本节将为同学们提供一些综合素质培养的策略与建议，启发同学们找到适合自己的学习方式。同时，详细介绍综合素质面试技巧，引导同学们做好面试准备，以期在高校招生选拔过程中闯关成功，顺利晋级。

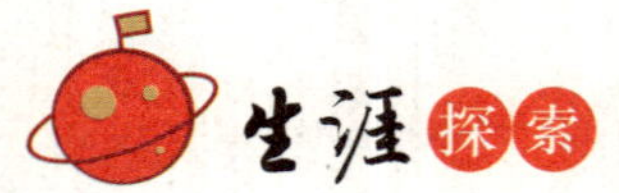

一、综合素质培养策略

（一）思想品德培养策略

根据新高考改革的要求，思想品德方面主要考查同学们在爱党爱国、理想信念、诚实守信、仁爱友善、责任义务、遵纪守法等方面的表现。这就要求我们要根据自己的兴趣爱好、家庭条件以及周边提供的资源，制订思想品德培养规划，选择适合自己的思想品德培养方式。

同学们可以阅读思想品德方面的书籍，参加德育课程，参与党团活动以及各种主题活动，组织或参与以“感恩教育”为主题的国旗下讲话等活动；还可以加入志愿者组织，参与志愿服务、社会公益活动，为弱势群体提供无偿帮助等，通过长期的思想品德学习与实践，树立服务他人、服务社会的意识，培养优秀的道德品质。

（二）学业水平培养策略

学业水平重点考查学业水平考试成绩、选修课程内容和学习成绩、研究性学习与创新成果等，特别是具有优势的学科学习情况。也就是说，学业水平更强调同学们在某方面所表现出来的特殊潜质。例如，有的同学数理能力较强，可以选择奥数训练，并在地区性、全国性奥数竞赛中获得荣誉；有的同学语言表达能力强，可以选择文学创作，并在作文竞赛等活动中取得成绩。这些能够体现同学们学习优势的经历与成果，将会成为我们考取理想高校的重要砝码。

因此，同学们应通过自我观察或者征询老师、家长的建议，也可以通过参与多元智能测评、学科兴趣测评等科学测评，发掘自身的学习潜能，发展学科特长，并根据自己的家庭条件以及周边所提供的资源，制订学业水平提升规划，选择适合自己的学习方法与策略。

例如，坚持每天制订学习目标，养成良好的阅读习惯，既要夯实各门学科的基础知识与基本能力，又要着力发展自己的优势学科，发展自己的学科潜能，充分展示自己的个性与才华。

（三）身心健康培养策略

身体健康方面，同学们可以通过科学测评，包括骨龄检测、台阶试验、坐位体前屈等，了解自己的生长发育和体质健康状况，并根据自己的兴趣爱好、家庭条件以及周边所提供的资源，制订适合自己的体质健康规划，选择适合自己的体育运动。

例如，参加登山、骑行、踏青、户外拓展、军训等各类活动，还可以选择两种以上的运动项目坚持进行体育锻炼，形成良好的运动、饮食、睡眠等生活习惯，提升个人的体质健康水平。

心理健康方面，同学们可以通过科学测评，包括气质测评、情商测评等，定期监测自己的心理健康状况，并根据自己的兴趣爱好、家庭条件以及周边所提供的资源，制订适合自己的心理健康规划，选择适合自己的心理健康培养方式。

例如，参加心理社团活动、公益活动等，在集体活动中不断塑造自己健全的人格，提高人际交往、情绪调控等能力。

（四）艺术素养培养策略

根据新高考改革要求，艺术素养方面重点考查同学们在音乐、美术、舞蹈、戏剧、戏曲、影视、书法等方面表现出来的兴趣特长，参加艺术活动的成果等。这就要求同学们根据自己的兴趣爱好、家庭条件以及周边提供的资源，制订相应的艺术素养规划，选择适合自己的艺术培养方式。

例如，积极参加艺术类知识讲座，参加音乐会、书画展、舞蹈表演、戏剧演出等艺术活动，培养基本的审美能力和艺术品位。同时，选择一两项适合自己的艺术训练项目，坚持艺术训练，并通过考级、比赛等形式，达到一定的艺术专业水平，让艺术爱好和艺术技能伴随你的一生，成为你气质与才华的重要体现。

（五）社会实践培养策略

社会实践方面主要考查同学们在社会生活中的动手操作能力、分析和解决问题能力、创新能力等。这就要求同学们根据自己的兴趣爱好、家庭条件以及周边提供的资源，制订社会实践规划，选择适合自己的社会实践方式，学会在社会中汲取知识，同时学会将知识应用到实践中，学以致用。

例如，参加研学旅行、课题研究、科技创新、社会调查、勤工俭学、做义工、职业体验、军训或户外拓展训练等活动，丰富自己的社会实践经历，磨炼和提升自己的专业能力和综合素质。

二、综合素质面试技巧

综合素质评价面试来源于自主招生面试，是综合素质考查的主要方式。而综合素质评价在新高考中占高考成绩达30%，因此，综合素质评价面试至关重要。

综合素质评价面试主要围绕“综合素质纪实报告”和“自我陈述”展开，包括验证思想品德、学业水平、身心健康、艺术修养、社会实践（考察探究、社会服务、设计制作、职业体验）等方面的内容，注重考查同学们的理想抱负与社会责任感、学习与认知能力、思维能力与潜在的创新能力、组织协调能力以及对时事政治和社会热点的关注及了解等。

那么，如何应对综合素质评价面试呢？同学们应努力做好以下环节。

（一）重视形象，举止得体

1. 着装整洁，朴素大方

考生可以穿自己喜欢的、适合自己气质的衣服，但要避免奇装异服。考生不要染发，不要烫发，当然可以剪自己喜欢的、适合自己脸型的发型，但要避免太新潮。总之，男生或阳刚，或活泼，或稳重，女生或开朗，或清纯，或端庄，都能给考官一种阳光健康而又不失个性的印象。

2. 举止得体有礼貌

考生进入面试室，要轻敲两三下房门，听到说“请进”后，方可轻轻推门，并轻轻关门，走到指定的位置，向考官微微鞠躬行礼。待考官说“请坐”后，说一声“谢谢”。若需要挪动椅子，不要拉动，而要轻拿轻放，以免制造噪声。落座只坐三分之二，不要靠椅背，上身要挺直，略微自然前倾。双脚并拢，切忌跷二郎腿或抖动，双手放在大腿上或考桌上，随身带的纸和笔也放在考桌上。手势运用要慎重。面试既不是演讲，又不是辩论，考生面对的是老师，手势运用过多，会给人不够稳重、不够谦虚的感觉。如果确实需要手势，也要注意得体，不宜夸张，要自然、真诚地向老师展示自己。

面试结束时，如果感觉不错，不可得意忘形；如果感觉不理想，也不必把失望、懊恼挂在脸上。离开时，要微微鞠躬，说一声“谢谢”，然后将椅子轻轻放回。善始善终，体现自己的教养。

（二）面试的不同形式

不同的高校采用不同的面试形式，但各校的面试形式都比较固定。面试形式主要有一对一、一对多、多对多、无领导小组讨论等。

1. 一对一的多轮面试

即一个考生要经过多轮面试，每一轮面试仅有一位考官，复旦大学就采用这种形式。报考复旦大学的学生一共要面对5位不同学术背景的考官，同每位考官各进行15分钟的交流，由他们独立判等级分，最后综合5位考官的判断分，给出综合评价的成绩。

这种面试的优点是：面试不受他人的影响，考官独立对考生做出判断。不过，由于是一对一，对考生来说，心理压力较大。考生要主动与考官进行眼神交流。如果考生低头回避考官的视线，会被认为缺乏自信。同学们可以对自己进行积极的心理暗示：我很优秀，我会充分发挥自己的水平。神态自若的临场表现，会让考官认同你。

2. 一对多面试

即一个考生同时面对多位不同学术背景的考官，考生的得分是多位考官所给分的平均分。

在这种面试中，同学们要合理分配眼神。在回答问题时，同学们的目光应投注到提问的老师身上。但在回答问题中途停顿以及答题结束时，同学们要用目光扫视所有的老师，照顾到所有的老师。

当回答A老师的问题时，如果B老师插话，同学们可先回答B老师，但别忘记对A老师说：“回答完B老师的问题后，再接着回答您的问题。”

由于考官具有不同的专业背景，如果遇到无从下手的问题，就诚实地回答不会，不可不懂装懂。如果问题不太熟悉，可简要回答，而熟悉的问题可适当展开来谈，体现思辨性和深度，给考官留下深刻的印象。

3. 多对多面试

即多个考生面对多个考官，考官指定问题给某个考生回答，其他考生聆听，也可补充或纠正。以同济大学的面试为例，3位考生面对5位考官。考官提问后考生可举手抢答，如无人抢答，则由考官指定考生回答，其他同学聆听，也可进行补充或纠正。

这种面试形式，有考生之间的竞争，更考查考生是否注意倾听。考生在其他考生回答问题时，要快速准确地记下题目和回答问题的要点，以备补充和纠正。

需要注意的是，如果你不同意某同学的观点，切忌全盘否定，可先肯定其优点，然后指出其不足之处。指出不足之处时，态度要谦和，展示良好的沟通能力。

4. 无领导小组讨论面试

指多个考生组成一个小组，小组没有指定领导者，大家在一起平等地讨论抽到的问题。多个面试官旁观，观察考生的自信力、表达能力、辩论说服能力、组织协调能力等，看谁能从中脱颖而出，成为自发的领导者。

如果你对抽到的问题比较有把握，可以先发制人，抢先亮出观点。这样不仅能给考官留下深刻的印象，而且还可能引导其他考生的思想和见解。当然，同学们也可后发制人，记下其他同学发言的重点，包括优点和不足之处，讨论发言时，应体现自己的思维能力。

无论是先发制人还是后发制人，同学们都要记住：考生之间既是竞争者又是合作者。不要打断别人的发言，不要滔滔不绝，垄断发言，要倾听和理解其他成员的观点，并在此基础上概括彼此的共同点和分歧点，引导对方接受自己的观点。

需要提醒的是，在整个讨论中，切忌对考官察言观色，而要把注意力集中在小组的讨论上。

（三）撰写自我陈述

高校综合素质评价面试，需要补充一份手写的自我陈述，如上海交通大学要求500字，复旦大学要求1 000字。高校都希望通过综合素质评价面试选拔到优秀的人才，需要通过考生“自我陈述”对其有比较全面的认知。

自我陈述分三个部分：第一部分介绍自己的优点特长。由于考生的基本情况在《综合素质纪实报告》中已有记载，为避免重复，应简明扼要介绍，包括成绩排名，有何特长，参加过哪些社会活动，有何收获，喜欢读的书等。自我陈述要充满正能量，要体现潜在的创新能力。

第二部分谈自己为何要报考该校，包括该校的文化积淀、校训、校风，尤其是名师等。可以讲故事，如某亲友或师兄师姐是该校的毕业生，发展好，受他们的影响等。

第三部分写自己的学习规划，亮出自己的理想抱负。

考生需要注意的是，不要堆砌空泛、华丽的辞藻，不要把自我陈述变成一场朗诵、演讲秀，表达一定要真诚，语言要朴实。另外，需要提醒考生的是，呈交的“自我陈述”是“缩写本”，除“缩写本”外，考生还应准备一本篇幅若干的“原始本”，以备考官查问验证。比如，你说喜欢围棋，那么围棋的历史、著名的中外棋手、“阿尔法狗”与著名棋手大战等，都应该知道。又如，你策划了一场辩论比赛，那么辩题、时间、地点、人员、过程、结果，都要记得清清楚楚。

（四）考察思维能力

综合素质评价面试验证《综合素质纪实报告》和“自我陈述”的真实性，考查学科知识和时政热点。所有这些考查都是通过语言表达进行的，而语言表达的核心是思维。因此，我们可以说，综合素质评价面试的重点是考查思维能力。从近几年的面试题看，综合素质评价面试还着重考查考生的逻辑思维能力、辩证思维能力、批判性思维能力，强调思维的深刻性。

1. 逻辑思维能力

逻辑思维，即以问题搭建思维框架。考生回答问题可分为三个环节，即“是什么”（问题阐释）“为什么”（原因分析）“怎么办”（措施分析），从而有条理、有深度地辨析问题、解决问题。

模拟题：2018年2月6日，美国人埃隆·马斯克Space（太空探索公司）重型猎鹰发射成功，并载着他本人的红色特斯拉电动跑车飞往火星。为什么马斯克能有这样的创新与创造？他的人生经历给我们怎样的启迪？

先回答“是什么”（问题阐释）。马斯克的猎鹰重型火箭的运载能力超过目前国际上所有现役火箭的水平，不但具有超强的性能，还具有绝佳的性价比，为重型火箭的商业运载之路打开一个新的历史纪元，它极有可能成为将人类送入太空的最佳选择。从太空技术到电动汽车、超级火车、覆盖全球的卫星互联网技术，这位“钢铁侠”总是一再创造人间奇迹，将不可能变为可能。

再回答“为什么”(原因分析)。马斯克少年时，就立下了远大的志向，就给自己制订了生涯规划。14 岁，他就对人类有了危机感，他试图到科幻小说《银河系漫游指南》里去寻找答案。从那时起，他就有了一个异想天开的航天梦，他确定自己的使命就是拯救人类！为此，他努力学习，考上了宾夕法尼亚大学，主修物理专业，后来又申请了斯坦福大学的应用物理和材料科学博士项目。这为日后的创新和创造打下了坚实的基础。正是伟大的梦想、清晰的生涯规划，马斯克才能在生命中每一个平凡的日子，在每一个艰难的时刻，靠着坚定的意志，去战胜生活的庸常和生命中的软弱，终于迎来梦想成真的那一天！

最后回答“怎么办”（措施分析）。马斯克给我们的启迪是：伟大的梦想、清晰的生涯规划催生巨大的动力。我们也要像马斯克那样，也要有大梦想、大志向，把中华民族伟大复兴的中国梦化为自己独一无二的梦想，通过清晰的生涯规划，一步一个脚印，让自己成为中国梦的践行者和实现者。

真题：屠呦呦获得诺贝尔医学奖，但不如黄晓明的婚礼受人瞩目；王宝强与马蓉离婚案霸屏数周，几乎遮盖了奥运会的光芒。对此，你怎么看?

先回答“是什么”（问题阐释）。当下是娱乐至上的时代，几乎一切以娱乐为中心，而其他值得关注的社会现象，往往被娱乐明星的光芒遮盖。

再回答“为什么”（原因分析）。从媒体层面看，转发量、点击率、收视率成为评判媒体优劣的标准；媒体人职业良知、职业精神欠缺，迎合低俗口味，一味媚俗，本末倒置。从社会层面看，商品经济背景下，生活节奏快，心态浮躁，灵魂跟不上；大众的人文素养、科学精神缺失，从而滋生猎奇的心态、对他人隐私的偷窥欲。

最后回答“怎么办”（措施分析）。就媒体而言，不能过度商业化，应端正新闻态度，倡导和践行社会主义核心价值观。就社会而言，应摒弃娱乐至上的不良风气，提高大众的人文素养和科学精神。对此，我们也有责任，应该从我做起。

2. 辩证思维能力

辩证思维，是反映和符合客观事物辩证发展过程及其规律的思维，辩证思维能力就是可以运用辩证法分析、解决问题的能力。

真题：假如用一种植物比喻中国人的国民性，你会选择什么？为什么？

可以选择草。可以用歌曲《小草》的歌词为证。“没有花香，没有树高，我是一棵无人知道的小草”，这符合中国人比较缺乏个性、不追求“敢为人先”的特点。“从不寂寞，从不烦恼”，安于现状，自得其乐，中国人往往比较缺乏忧患意识。但是，“你看我的伙伴遍及天涯海角”，中国人的生命力特别顽强，绝不是异族敌国可以侮灭的。

这样的辩证思维，既指出中国国民性的不足，又让人看到其可贵之处。

3. 批判性思维能力

所谓批判性，不是一概否定，而是分析判别，强调反省、质疑、反驳。

真题：有一句名言“细节决定成败”，你怎么看？

一般说来，“细节决定成败”是一个伪命题。决定成败的不是细节而是“大节”，是全局，是战略。比如，打败日本鬼子，凭什么？凭的绝不是什么细节，而是中国人民14年的浴血奋战。再如，我们今天能参加面试，凭什么？凭的绝不是什么细节，而是优异的高考成绩、学业考试成绩以及优秀的综合素质。由此可见，“细节决定成败”是站不住脚的。如果要让它成立，那也得附带许多偶然的条件。

模拟题：你怎么看待荧幕上的“小鲜肉”现象？

“小鲜肉”的共同特点是颜值高，他们凭着精致的五官、细腻的皮肤和姣好的面容，俘获了众多粉丝。这的确反映了当今的审美趋势。可是，无论何时，表演能力都是演员的基本素养和核心竞争力，毋庸讳言，一些“小鲜肉”缺少敬业精神和责任感，缺乏应具备的表演能力。

对比一下《战狼Ⅱ》吧！热血沸腾的故事、无畏无惧的精神和爱国主义的内涵，特别是令人血脉贲张的情节，点燃了亿万观众。这绝不是散发着脂粉之气的“小鲜肉”可比的。

4. 思维的深刻性

思维的深刻性，就是要把握思维对象的本质。事物的本质是隐蔽的，是通过现象来表现的。因此，我们必须透过现象掌握本质。

真题：如果孔子和老子打架，你会帮谁？

可以回答帮老子。老子主张清静无为，孔子主张积极入世。因此，老子不会打孔子，而孔子会打老子。不过帮老子并不是帮老子打孔子，孔子主张“中庸”，他打老子，下手不会很重。而我会劝告孔子，“君子动口不动手”，动手打人有损教育家的风范。然后建议二位文化宗师珍惜春秋时期百家争鸣的大好局面，握手言和，共建中华多元文化。

也可以说帮孔子。老子主张绝圣弃智，否定事物的区别，而孔子为了教育老子，会一边打一边说：“打就是不打！”当然，我不会帮孔子打老子，我会告诉老子：“君子之过也，如日月之食焉。过也，人皆见之；更也，人皆仰之。”然后建议二位文化宗师珍惜春秋时期百家争鸣的大好局面，握手言和，共建中华多元文化。

此题看似搞笑，实际上考查考生对儒家文化和道家文化的了解程度。上述回答透过现象看本质，体现了考生思维的深刻性。

总而言之，在综合素质评价面试中，展现在考官面前的你，应该是一个阳光健康、有理想、有抱负的形象，是一个有潜在创新能力的、有较强思辨能力的形象，是一个德智体美劳全面发展又不失个性的形象。

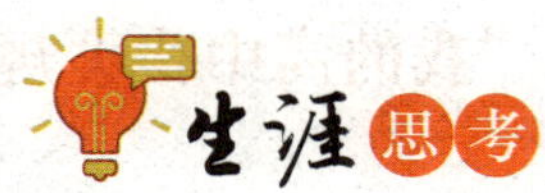

1. 你是采用哪些方式来提升自己的综合素质的？请与同学们分享一下。
2. 你是如何准备综合素质面试的？请简要介绍。

第五节　生涯探索活动

我的高中生涯规划书

一、生涯规划书概念

生涯规划书是指运用生涯规划相关理论，在全面认识自我和外部环境的基础上，通过对未来生涯展望的描述，而制订出的关于生涯发展的具体规划。

制订生涯规划书为实现生涯规划提供了明确的时间表和路线图，它既是一份生涯规划可行性报告，又是一个实施生涯规划的行动指南。

二、生涯规划的要素

通过本书的学习，同学们已经知道了生涯规划的基本要素包括：知己、知彼、决策、行动。

1. 知己，探讨“我是谁”。包括：我的身心健康状况如何？我喜欢什么？我擅长什么？我适合做什么？我最看重什么？等等。

2. 知彼，探讨“我所处的外部环境”。包括家庭环境、社会发展趋势、职业前景、专业和大学特色等。

3. 决策，探讨“我要去哪里”。确定我的生涯规划目标，包括高中阶段的总体规划、高考后的升学规划、未来职业规划等。

4. 行动，探讨“我要怎样实现目标”。包括目标细化与分解、目标评估与反馈等。

三、制订“我的高中生涯规划书”

请你根据第三节“综合素质规划书”的制作流程和模板，制作自己的高中生涯规划书。

（一）成长经历总结

表 6.5　成长经历总结表

基本信息					
姓名		性别		出生日期	
爱好特长					
教育经历					
父亲姓名		工作单位			
母亲姓名		工作单位			
成长经历					
分类		主要内容	时间	心得与感悟	备注
主要成绩与荣誉					
游学考察经历					
兴趣与特长学习					
社会实践活动					

（二）成长现状评价

表 6.6　成长现状评价表

科学测评	
自我评价	
老师评价	

续表

父母评价	
同学评价	

（三）我的个性化分析

表 6.7　个性化分析表

内容	描述	调整
我的兴趣 （喜欢做什么）		
我的性格 （适合做什么）		
我的能力 （能够做什么）		
我的价值观 （最看重什么）		

（四）外部环境分析

表 6.8　外部环境分析表

内容	描述	调整
职业目标		
家庭环境分析		
社会环境分析		
职业环境分析		
高校与专业分析		

（五）SWOT 分析

综合自我分析及社会环境分析的主要内容得出本人生涯发展定位的 SWOT 分析：

表 6.9 SWOT分析表

内部环境因素	优势因素（S）	弱势因素（W）
外部环境因素	机会因素（O）	威胁因素（T）

（六）我的生涯目标规划

表 6.10 生涯目标规划表

目标类型	目标内容	总目标	分目标	计划内容	策略与措施	评估与反馈
短期目标（高一）	选考科目					
	思想品德					
	学业水平					
	身心健康					
	艺术素养					
	社会实践					
中期目标（高二至高三）	选考科目					
	思想品德					
	学业水平					
	身心健康					
	艺术素养					
	社会实践					
长期目标（大学至就业）	升学					
	就业					

附录：生涯资源包

好书推荐

（大部分推荐理由来自百度百科／豆瓣）

1.《你的降落伞是什么颜色》

作者：［美］理查德·尼尔森·鲍利斯。译者：柏静静。中信出版社，2010 年版。

推荐理由：降落伞和生涯规划有什么联系呢？本书中强调降落的准和稳与降落伞的品质以及驾驶降落伞的技术有莫大关系。希望通过阅读此书，你能更好地掌握探索自我的方法，综合分析，锁定目标，规划生涯。

2.《中学生的第一本梦想书》

作者：刘英俊。花山文艺出版社，2007 年版。

推荐理由：书里有众多名人的梦想感悟和成功经验，他们都是闻名于各个领域的精英、大师，阅历广博，常识深厚，经验丰富，视角独特。阅读他们对梦想的深刻体悟和精彩解读，能让我们学会如何确定梦想、实现梦想。

3.《我们都是自己的陌生人》

作者：［美］戴维·迈尔斯。译者：沈德灿。人民邮电出版社，2012 年版。

推荐理由：“我是谁”既是困惑古今哲人和思想家的永恒问题，也是每个普通人在生活中都会面对的问题。本书从“自我概念”“有意识的自我控制”“自尊”“自我服务偏见”“自我表现”等 5 个方面，展示了心理学中关于自我认知的科学原貌。愿每一个在人生中不断求索、奋进的人知自己、靠自己、做自己！

4.《青少年最重要的 6 个决定》

作者：［美］肖恩·柯维。译者：王军等。中国青年出版社，2006 年版。

推荐理由：本书介绍了处于人生重要转折点的青少年必须做出的六大决定，即学校、朋友、父母、约会和性、嗜好以及自我价值。本书教导我们如何在人生的十字路口做出重要的选择和决定，这对我们未来的发展有重要的指导意义。

5.《学会学习》

作者：［美］格洛里亚·芬瑞得。译者：明月。电子工业出版社，2016 年版。

推荐理由：面对沉重的学习压力，如何高效学习，如何让学习更加快乐，是每个高中生都必须思考的问题。《学会学习》是一本教你如何高效学习的实用手册。本书首先针对不同模式的学习者，从学习模式、时间管理和学习规划技巧三个方面归纳了不同的学习方法。在此基础上，该书从学习实践出发，分享了做笔记、阅读、记忆、应试等多方面的学习技巧。

6.《人类简史》

作者：[以色列]尤瓦尔·赫拉利。译者：林俊宏。中信出版社，2014年版。

推荐理由：本书描绘了从10万年前出现生命的迹象开始到21世纪资本、科技交织的人类发展史，从认知革命、农业革命到科学革命、生物科技革命等方面，厘清了影响人类发展的重大脉络，挖掘了人类文化、宗教、法律、国家等产生的根源。这是一部宏大的人类简史，全书见微知著、以小写大，让人类重新审视自己。

7.《决策与判断》

作者：[美]斯科特·普劳斯。译者：施俊琦等。人民邮电出版社，2004年版。

推荐理由：本书共分六部分。前两个部分主要介绍决策与判断的基本要素，包括知觉、记忆、情境和提问方式。第三和第四部分主要介绍决策的经典模式，并与最近有关判断偏差的新模式做对比。第五部分探讨由团体做出的判断和关于团体的判断。第六部分讨论决策与判断的一些常见陷阱，帮助我们更理性地做出决策和判断。

8.《拖延心理学》

作者：[美]简·博克、莱诺拉·袁。译者：蒋永强、陆正芳。中国人民大学出版社，2009年版。

推荐理由：从学生到科学家，从秘书到总裁，从家庭主妇到销售员，拖延的问题几乎会影响到每一个人。本书的两位作者基于他们备受好评、极具开创性的拖延工作坊以及从众多心理咨询领域中积累的丰富理论和经验，对拖延进行了一次详尽且颇为幽默的探索。

9.《当时忍住就好了》

作者：[美]肯·林德纳。译者：钱峰。中国友谊出版社，2013年版。

推荐理由：回想一下，你是否曾被愤怒、孤独、憎恨、欲望、不安、嫉妒或绝望等情感左右，然后做出过一些令人失望或有害的人生选择？如果你的回答是："嗯，是的。"那么你是否想过，究竟是什么原因扰乱了你的生活？肯·林德纳的答案是："负面能量"。那么，我们该如何在关键时刻驾驭心中的负面能量？肯·林德纳的回答是："忍"。这里的"忍"，并不是让你一味地自我压抑，而是告诉你需要具备忍的技巧，在忍的过程中，巧妙地将负能量转化为正能量。

10.《为每个人开的学校》

作者：赵胤光、叶枫主编。教育科学出版社，2016年版。

推荐理由：这是一本"学生写学生"的书。30多个故事，并非成长样板，而是向我们展示了当代年轻人在被给予充分的信任、自由与选择权之后，所呈现出的各种成长样态。他们大不一样，但也都一样——那是年轻人应该有的样子。他们或许会迷茫、会偏激、会自大、会退缩，但他们都在成为自己的路上前进。

11.《做最好的自己》

作者：李开复。人民出版社，2005 年版。

推荐理由：在这本书中，李开复主要描写了自己的人生经历和成功经验。他倡导一种自信积极的人生态度——“做最好的自己”。他认为，真正的成功应该是多元化的，每个人的成功都是独一无二的。我们应该改变自己的心态与情绪，尽最大的努力，做最好的自己。

12.《青春期心理学》

作者：［美］金·盖尔·多金、菲利普·赖斯。译者：王晓丽、王俊。机械工业出版社，2016 年版。

推荐理由：本书对处于青春期的学生具有重要的指导意义，能帮助学生解决成长中的困惑，有利于学生形成积极健康的心理。本书就学生青春期关注的很多重要话题进行了解答，如：为什么青少年比成年人更容易做出危险的行为？为什么青少年有时会质疑权威？为什么青少年有时候比成人更加情绪化？我们从中也可以找到青少年行为的生物学基础。

13.《规划人生 成就未来——高中生涯规划指导教材》

作者：孙景峰等主编。北京大学出版社，2017 年版。

推荐理由：人的一生，是一连串决定交织而成的过程，其精华在于自己如何选择。生命的最高境界，就是选对舞台，尽情挥洒才华，走出自己的路。有规划，人生才更精彩。本书包含“生涯起航”“自我探寻”“职业探索”“大学和专业探索”“生涯决策”“生涯素养”和“生涯管理”等章节，重点在于培养学生收集信息、自我认知和自主抉择的能力。

14.《探索·选择·发展——高中生生涯规划》

作者：四川省泸州高级中学校生涯规划课程研发组。西南交通大学出版社，2018 年版。

推荐理由：本书由泸州高级中学校生涯规划课程研发组编著。课程围绕“自我认知、环境探索、决策管理”三个部分进行，在教学中开展“破冰唤醒课、专业理论课、团队个体辅导课、学科渗透课、社会拓展课”五种螺旋式课程，让学生在思维启发、体验参与中获得成长。

15.《30 分钟读透新高考》

作者：邓景鸿、黄燕主编。课堂内外杂志社，2018 年版。

推荐理由：本书对新高考改革政策进行了详细解读，包括“3+3”模式、等级赋分、学考与选考、专业平行志愿等，并对“6 选 3”的 20 种组合与专业之间的关系进行深入剖析，可以为学生自主选科提供参考。本书编者鼓励即将面临高考的考生，大可不必因为新高考改革而焦虑紧张，应摆平心态，在学习上踏实努力，提前做好规划，从而取得理想成绩。

16.《幸运绝非偶然》

作者：［美］约翰 D. 克虏伯。译者：泊洋。长江文艺出版社，2006 年版。

推荐理由：生命中那些超出计划范围的事件以及突发状况，比起我们精心安排的事情，往往更能影响我们生命中的重大决定。本书旨在提醒读者要未雨绸缪，把握每一个偶发事件所带来的机会。

17.《自我管理》

作者：刘儒德主编。北京师范大学出版社，2010 年版。

推荐理由：本书是由作者主编的《学习的智慧》丛书中的第 2 册，全书共分三个单元：自我认识、自我调控、资源管理。全书通过讲故事、做习题等板块，教会学生准确认识自己的学习优势，管理自己的学习过程、学习时间与学习资源，不断总结、反思并改进自己的学习方法。

18.《感谢自己的不完美》

作者：武志红。中国华侨出版社，2014 年版。

推荐理由：我们一直认为负面情绪，如痛苦、悲伤、愤怒、恐惧等是不好的，阻碍了我们成长，并努力去克服和避免它们。作者从新的角度，用心理学的知识告诉我们，这些坏情绪对我们有极大的帮助和正面意义。这些情绪伴随着我们一生，是我们的朋友，我们应该接纳它们，并感谢它们让我们体验到了更精彩的生命。

好片推荐

1.《风雨哈佛路》

导演：［美］皮特·李维。

推荐理由：本片讲述了一位生长在纽约的女孩在经历了人生的艰辛和辛酸后，最终凭借自己的努力，走进了最高学府的经历。她传递给人的除了心灵的震撼，还有满满的感动。

2.《战狼 II》

导演：吴京。

推荐理由：本片情节紧凑，动作场面真实、震撼，情感真挚，展示出中国军人勇于担当的形象，激发了我们的爱国热情。特种部队狙击手冷锋被“开除军籍”后心灰意冷，在非洲过着普通人的生活。一场突如其来的意外使他被迫卷入一场非洲国家内部的叛乱战争中，战乱中被屠杀的同胞唤起了他作为军人和中华人民共和国公民的责任感和使命感。冷锋本可置身事外，全身而退，但他主动请缨，孤身冒险冲回被叛乱分子占领的沦陷区，带领身陷屠杀中的同胞和难民，展开生死逃亡，最终挽救了许多人的生命。

3.《镜像效应》

导演：张承。

推荐理由：本片能够使我们意识到外在我与内在我保持一致的重要性，从而进一步完善自我。主人公阿伟因一次摔倒而导致视网膜损坏，从此，他看到的世界左右颠倒。为了使自己在行为表现上与他人无异，他付出了艰苦的努力。因为视觉上的颠倒，他设计的 logo 意外地得到了客户的认可和领导的赏识。颠倒的世界给他带来了事业上的成功，但他自己感觉很别扭，希望把事实讲出来并得到理解。后来医生矫正了他的视力，他却无法回到原来的生活。

4.《阿甘正传》

导演：[美]罗伯特•泽米吉斯。

推荐理由：该片有助于激发我们塑造勇敢、坚忍不拔的意志。该片讲述了小镇男孩阿甘先天智障却自强不息，最终“傻人有傻福”，得到上天的眷顾，在多个领域创造出奇迹的励志故事。影片中的阿甘诚实、守信、认真、勇敢且重视感情，对人只懂付出，不求回报，从不介意别人的拒绝。他豁达、坦荡地面对生活，把仅有的智慧、信念、勇气集中在一起，最终闯出了一片属于自己的天空。

5.《跳出我天地》

导演：[英]史蒂芬•戴德利。

推荐理由：该片让我们认识到兴趣对人生发展的意义，也让我们认识到坚守兴趣、发挥兴趣特长的价值。该片的主人公比利热爱芭蕾，且他的芭蕾天赋也得到了挑剔又世故的芭蕾老师威尔金森的肯定。而比利的父亲是一个矿工，他们生活贫困，父亲希望比利学习拳术。家人不理解他为何喜爱“毫无男子汉气概”的芭蕾，这让比利陷入了矛盾之中。但他最终还是选择了芭蕾，因为对芭蕾的热爱是他无法抗拒的，也是他的命运所系。最终，比利凭借对芭蕾艺术执着的爱，拥抱了属于自己的那份成功。

6.《摔跤吧，爸爸》

导演：[印]尼特什•提瓦瑞。

推荐理由：当面临压力和困境时，坚韧的意志力是我们获胜的基石和保障。该片讲述了退役多年、曾梦想成为世界冠军的摔跤运动员马哈维亚·辛格·珀尔，把梦想寄托在女儿身上，并成功地把她们培养成世界冠军的故事。这是一个女性争取命运主动权的励志故事，更是一个批判印度社会对女性严重歧视的故事，它的痛点、泪点，足以震撼每个人的心灵。

7.《逆光飞翔》

导演：张荣吉。

推荐理由：重要事件对一个人的生涯发展往往产生着重要影响，对重要事件的反思有助于我们沉淀生命的厚度，丰富人生的内涵。该片讲述的是音乐天分超凡、弹得一手好琴却先天失明的男孩裕翔与热爱跳舞却因故被迫放弃梦想的女孩小洁，两人彼此鼓励，最终实现梦想的故事。两个看似永远不会相交的灵魂，却成为彼此遗失的那份力量。因为生命中的重要事件给他们带来了变化，两人身后那道耀眼的逆光，正温暖着、鼓舞着他们向梦想展翅飞翔。

8. 《心灵捕手》

导演：[美] 格斯·范桑特。

推荐理由：能力是一个人生存和发展的基石，每个人都应该在自己的学习、生活和工作中不断强化和提升自己的能力。该片讲述了麻省理工学院一个名叫威尔的清洁工的故事。威尔在数学方面有着过人的天赋，却是一个叛逆的少年。在教授兰勃、心理学家桑恩和朋友查克的帮助下，威尔最终打开心灵，消除了人际隔阂，找回了自我和爱情。

9. 《国王的演讲》

导演：[英] 汤姆·霍伯。

推荐理由：每个人都拥有优势智能和弱势智能。认识多元智能，有助于我们在生涯发展过程中发挥优势智能，提升弱势智能，从而实现个人价值。该片讲述了 1936 年英国国王乔治五世逝世后，王位留给了患有严重口吃的艾伯特王子，王子为了担当起国王的责任与义务，克服重重障碍，最终矫正了自己的口吃，并在二战前发表了鼓舞人心的演讲的故事。

10. 《美丽心灵》

导演：[美] 朗·霍华德。

推荐理由：潜能的激发需要实践的积累，也需要顽强的意志。该片让我们体会到顽强的精神和不屈的生命状态。该片讲述了患有精神分裂症却极具数学天赋的约翰·纳什的传奇一生。他在硕士研究生阶段便提出了博弈论，这在经济、军事等领域产生了深远的影响。但纳什出众的数学天赋受到了精神分裂症的困扰，医生认为他的疾病只能好转却无法治愈。而他经过十几年的不懈努力，凭借顽强意志力，一如既往地工作，将自己的数学天赋发挥到了极致，在博弈论和微分几何学领域取得重大突破，并于 1994 年获得诺贝尔经济学奖。

11. 《放牛班的春天》

导演：[法] 克里斯托夫·巴拉蒂。

推荐理由：克莱门特是一位才华横溢的音乐家，但他一直没有获得施展才华的机会。于是，他回乡村做了一名教师。他发现，校长以残暴、高压的手段管理少年，效果并不好。性格沉静的克莱门特开始尝试用自己的方法改善这种状况，他用音乐打开学生封闭的心灵，那些少年深受感化，悄然改变。他们从这所学校获得的不仅是知识和乐趣，还有灵魂的改变，其中颇具天赋的皮埃尔·莫昂克最终成为世界著名的音乐指挥家。

12. 《地球上的星星》

导演：[印] 阿尔米·汗。

推荐理由：该影片讲述了患有先天性阅读困难症的伊翔，经常被同学嘲笑、老师责骂，在学校总显得格格不入。就在他的人生可能就此毁灭的时候，他遇见了一位好老师——尼库巴。尼库巴秉持着“每个儿童都是独特的”的教学理念，用爱去感化、用心去教学，对伊翔采取了一系列特殊辅导，从而帮助伊翔找回了自我和久违的快乐，伊翔的人生也走上了正轨。

13.《肖申克的救赎》

导演：[法]弗兰克·达拉邦特。

推荐理由：科学、恰当的目标能引导我们前行和发展。该片讲述了年轻的银行家安迪·杜佛越狱的故事。他原想报复有了外遇的妻子，后来打消了念头。不料，妻子及情夫当晚却遭杀害，他惨遭诬陷，被终身监禁。在进入肖申克监狱后不久，他就开始了越狱计划，并一步步完成预定目标。他用19年打通了隧道，最终成功越狱，重获自由。

14.《成事在人》

导演：[美]克林特·伊斯特伍德。

推荐理由：人际交往是一门艺术，人格魅力是为人处世的基本点。影片讲述了1995年南非橄榄球世界杯赛期间，南非总统纳尔逊·曼德拉与国家橄榄球队队长法兰索瓦·皮纳尔共同让刚摆脱种族隔离制度不久且面临分裂的南非再次团结一致的故事。这是一部真实展现曼德拉人格魅力的电影。该片中，我们可以感受到无论种族、民族、政治主张、文化如何不同，宽容都有可能成就伟大的奇迹，而封闭与偏见则只能让更多人失去本可让生活和事业更美的可能。

15.《时尚女王：Iris的华丽传奇》

导演：[美]阿尔伯特·梅索斯。

推荐理由：内外兼修是最佳的形象管理手段。该片讲述的是年过九旬依旧走在时尚前沿的时尚造型设计师、收藏家艾瑞斯·阿普菲尔的故事。她折射的是这样一种女人：也许并非天生丽质，却能因创造美丽而风韵永存、流芳百世；不相信整容和表面眉眼的漂亮，却能因人格独立而自信一生；不沉迷于昂贵的服饰，却能因慧眼独具而点石成金，让自己的名字成为最响亮的品牌。

16.《高考1977》

导演：江海洋。

推荐理由：1977年，中断了多年的高考恢复。东北某农场内，生活着一群来自四面八方、身份各异的知青。恢复高考的消息传到这里，让年轻人的心再次躁动起来。适逢农场负责人老迟正在酝酿修路计划，只要在建设中取得良好表现，就有机会被推荐去读大学。知青们为此蠢蠢欲动，充满理想的年轻人是会紧紧抓住这个难得的机遇，还是随波逐流，接受命运的安排？

17.《死亡诗社》

导演：[澳]彼得·威尔。

推荐理由：威尔顿预备学院原本是一所以严肃、刻板、沉闷但升学率极高而闻名的学校。新学期，文学老师约翰·基汀的到来如同一阵春风。他一反学校传统，带领学生们在校史楼内聆听死亡的声音，反思生命的意义；让男生们在绿茵场上宣读自己的理想；鼓励学生站在课桌上，用新的视角俯瞰世界……思考求索、自由向上和勇敢选择成为学生们人生的主旋律。观看本电影会让你对学校、对选择有新的理解。

18. 《当幸福来敲门》

导演：[意]加布里尔·穆奇诺。

推荐理由：这是一个典型的美式励志故事，取材自美国著名投资专家Chris Gardner的人生经历。影片中，史密斯在儿子打完篮球后说了这样一段话：“你在很多方面都很优秀，但不是在篮球方面。即使如此，别人也不能告诉你，你成不了大器，即使是我也不行。”这是史密斯对儿子的提醒与鼓励，也是他自己心中最真实的独白。不管现状如何，他相信只要永不放弃，梦想终会实现。影片赋予梦想浅显而直白的定义：梦想，不管在什么时候突然来临，其实都不算太晚，只要我们还有力气去追逐，就有实现梦想的可能。

19. 《三傻大闹宝莱坞》

导演：[印]拉库马·希拉尼。

推荐理由：该影片是根据印度畅销书作者奇坦·巴哈特的处女作小说《五点人》改编而成的电影。影片采取插叙的手法，讲述了三位主人公法罕、拉加与兰乔的人生故事。

20. 《遗愿清单》

导演：[美]罗伯·莱纳。

推荐理由：该片讲述了两位身患癌症的病人，机缘巧合之下相识并结为好友，二人决定在余下的日子里，完成他们的“遗愿清单”的故事。

网站推荐

1. 中国人力资源开发网

推荐理由：中国人力资源开发网是目前中国排名第一的人力资源类网站，也是目前国内比较大、比较专业的人力资源社区。

2. 阳光招考网

推荐理由：这是教育部唯一批准的高考招生信息发布平台。它整合了国内各类高校资讯，提供高考招生资讯、院校信息、招生政策、招生计划、志愿填报、复习指导、专业介绍等信息。